被災地を歩きながら考えたこと

五十嵐太郎

みすず書房

被災地を歩きながら考えたこと　目次

写真　五十嵐太郎

被災地を歩きながら考えたこと

大きな溝　九九パーセントと一〇〇パーセントのあいだ

二〇〇八年の六月は一九七八年の宮城沖地震から三十年の節目ということで、当時のさまざまなメディアが体験談や地震対策など関連のニュースをとりあげていた。無理はない。今後三十年間において地震の発生する確率が九九パーセントなのだから、数字だけを見ると、もはやいつ起きてもおかしくない。一方、筆者も交通機関の混乱によって影響を受けた同年六月十四日の岩手宮城内陸地震は、三十年以内の発生確率がほとんど〇パーセントだったという。しかし、目の前ではこれみよがしの予兆もなく、たんたんとした日常が続いている。

そもそも九九パーセントという数字をどのように理解し、身体的な感覚として受けとめればよいのか。よく考えてみると、わからない。あるいは、なぜ三十年間という期限で確率が設定されているのか。十年なら短すぎて十分な対策ができないし、確率も下がって人々が危機感を共有できないのだろうか。三十年という時間は、都市的なレベルで対策を進めるのにはちょうどいい。逆に百年なら長すぎて想像を超えた他人事になってしまうのか。そういえば、このテープを聞くと必ず死ぬという都市伝説があり、その内容は百年以内にあなたは死ぬだったというオチがあった。とはいえ地震の予知は、たとえ百年でも確率は一〇〇パーセントにならないだろう。自然現象に絶対という概念は似合わない。

おそらく外国人からすると、阪神淡路大震災のように、戦争でもないのに一度に六千人以上が亡くなる自然災害の起きるリスクを抱えた国土に平然と暮らすというのは信じられない感覚だろう。だが日本に住んでいるかぎり、多くのエリアでは心の奥底でいつか来るかもしれないと考えるしかない。今後三十年以内に関東大震災は七〇パーセント、東海地震は八七パーセントの確率で発生するという。一方、阪神淡路大震災はほとんど想定されていなかったリスクだった。地震はいつも重要なテーマである。それゆえ、日本では一秒でも早く予知するためのシステムづくりにも膨大な研究費が投じられてきた。たとえ数秒でも地震の発生が早くわかれば、最初の備えと心の構えができるだろう。ただし東京大学のロバート・ゲラーは地震予知が不可能だと考え、長期間にわたる統計的な予測以上のことはできないという。

予知に関する理論的な仮説を考えるうえで大変に興味深い漫画がある。地下沢中也の『預言者ピッピ』（イースト・プレス、二〇〇七年）だ。よくある子供型ロボットのSF漫画だと思うなかれ。もともとピッピは地震を予知するためにつくられた。最初は失敗も犯す。だが、やがてピッピは超絶的な計算性能をそなえたスーパーコンピュータと連動し、自然現象から人々のふるまいにいたるまで社会のあらゆる出来事を予知してしまう。数秒早い地震の予報でも大変だというのに、この漫画では一〇〇パーセントの予言が可能なのだ。次々と予知があたり、世界は完全に信じるようになる。ついにピッピは、一年後の午前二時二十一分二秒、ロサンゼルスがマグニチュード八・五の巨大地震に襲われ壊滅することを告げた。そのとき人々はどのように行動するのか。避難訓練をしたり、建物にブレースを入れて耐震補強をしたりすることはない。それでも危険性を完全に払拭することはできないからだ。すべての市民は街を脱出し、ゴーストタウンと化してしまう。それがいちばん安全なのだ。運命の時、無人の都市は全世界に同時中継され、人々はテレビの前に釘付けになる。そして全員でカウントダウン。3、2、1、0——予言どおりに地震が始まり、街が崩れていく。いっせいに乾杯して祝う世界中の人たち。

驚くべきことに、誰も死ぬことがない破壊のカタストロフは絶対安全なエンタテインメントとして消費されるのだ。しかも、起きてほしくないはずの地震の到来を誰もが息をのんで待つという倒錯した状況をもたらす。そう、一〇〇パーセント的中するピッピの予言はどこか世界の願いのようになってしまう。つまり災害を予知しているのではなく、逆説的に望むからこそ発生するかのように錯覚するのだ。なるほど、ハリウッド映画のテーマがしばしば戦争や災害であるように、一〇〇パーセント安全な場所からの悲劇の鑑賞はスペクタクルになるだろう。

以前、湾岸戦争のころ、社会の厭世気分が高まり戦争映画が流行らなくなったという報道があったが、にわかには信じがたい。むしろ、未曾有の映像によって現場を紹介したテレビこそがもっとも刺激的な戦争映画になっていたために、映画館に人がいかなくなったのではないか。ワイドショーで垂れ流される事件のニュースを見ていると、そうした人間の悪魔的な側面をつい想像してしまう。

ともあれ、九九パーセントと一〇〇パーセントのあいだには大きな溝がある。予防と被害の最小限化への飽くことなき努力を継続する九九パーセント。一方、予知一〇〇パーセントの世界では、人々が運命に抗う努力をやめて受動的な消費に入り込む。

I

破壊

被災地を歩きながら考えたこと

個人体験としての震災

三月九日の午前十一時四十五分、毎年恒例のＪＩＡ住宅大賞の審査のため、まだ豪雪が残る秋田の横手市で住宅を見学した後、地元で名物のメロンパンを購入したところで、ゆっくりと大地が動きはじめた。店内がぐらぐらと横にスイングする。震動は長く持続し、自分が安定した建築ではなく、まるで波に揺さぶられる船に乗っているようだった。地震がおさまった後も、揺れを受けとめた身体がしばらく落ちつかない。そして仙台に戻るはずの新幹線が運休になったのだが、結局、これがまさかあの大地震の予兆になるとは思っていなかった。

翌十日の早朝、仙台の宿舎がガタガタとふたたび動きだす。審査会の後、遅くまで飲んでから帰って寝ていたところだったので、いったん目を覚ましつつも、またすぐに眠りに落ちた。いま思えばこれも東日本大震災の前震だったが、東北大に出かけてもそんな危機意識は誰も感じているわけではなく、昨日はけっこう揺れたね、という季節のあいさつのような日常会話のひとつでしかなかった。この日、都市・建築学専攻は平成二十二年度の最後となる教室会議を行い、学生への教育プログラムもすべて終了する。大学として、あとは三月末の卒業式を残すのみだった。そこで夕方、東京に移動して建築系ラジオに参加し、翌日の午後、ハウスクエア横浜という住宅展示場付属の文化施設でトークイベントの最中、東日本大震災に遭遇した。

家具の研究者、小泉和子が日本の住文化において家具が建築化し、西洋的な家具がないことを語っていた講演の終盤、激しい揺れが襲う。地震はなかなかおさまらず、驚いた受講者たちは机の下にもぐり、会場は住まいの情報館三階のライブラリーだったので、やがてばさばさと本棚から書籍が飛びだす。映像でしか見たことがない光景だ。いよいよ関東大震災が再来したのではないかと観念した。レクチャーは中断し、少し揺れがおさまったところで建物を出ると、同じように多くの人がハウスクエア横浜前の路上に避難していた。ここでiPhoneを用いてネットやradikoなどで情報を収集しながら、東北で地震が起きたことを知り、その日の打ち合わせをキャンセルし、しばらく様子をうかがう。

非常時の経験を共有したことにより、通常は見知らぬ他人として帰宅したはずの受講生同士、あるいは講師とのあいだで会話がかわされ、瞬間的に「災害ユートピア」というべき不思議な一体感が生まれる。受講者は高齢の方が多かったが、関東大震災後の生まれなので、東京にずっと暮らしてはじめてこの規模の地震を経験したと語っていた。その後、受講生のひとりが世田谷方面にクルマで帰ることになり、東京の住処の近くまで乗せてもらう。じつは公共交通機関が全面的に止まっていることに気づいてなかったが、おかげで帰宅難民になることを免れた。そしてクルマのなかのラジオで、マグニチュードの大きさや釜石などに津波が押し寄せたことをはじめて知る。

家に戻ってからは、原稿を書きながら数日間テレビをずっと見ていた。戦時下の谷崎潤一郎が『疎開日記』において「十二月十二日、晴　今暁も午前零時頃より空襲警報あり、終日執筆、今日は六枚進行す」「十三日、雨後曇後晴　今暁も空襲あり、……家族は皆壕に入りたれども予は『細雪』を執筆す」と記したように。

テレビでは、八戸や東松島など各地の津波の映像が繰り返し流れる。過去の大津波は夜間が多く、早朝に発生した阪神淡路大震災のときはすでに倒壊した瓦礫の街の映像だったが、個人レベルでの映像機器が普及したことにより、9・11の同時多発テロと同様、東日本大震災では家が押し流されていくその瞬間のライブ映像が氾濫し、呆然と画面を眺めていた。水没した宮城の亘理（わたり）町は、研究室の後輩の実家があり、大学院のときの東北建築めぐりで泊めてもらったり、二〇〇二年の日本・フランスのワークショップの講評会でも訪れた場所だった。具体的な体験とつながっている場所の被災は、ただの固有名詞ではなく、記憶の一部が引き裂かれるような思いをもたらす。テレビで東北各地の惨状を見るにつけ、堪えがたい感情があふれてきた。なんの所縁もなかったこの地に赴任して六年、さまざまな人と場所が思いだされ、いつのまにか東北が好きになっていることに気づいた。

筆者はそのまま東京の家に残っていたが、震災直後に東北大学の教職員の無事を確認して以来、しばらく連絡が途絶えてしまった。一方、研究室の学生は、twitterやメールなどを通じて安否確認が順調に進む。大学からは緊急時に使う電話連絡網が配布されていたが、教授―助手で始まり、博士課程―修士課程―学部生の複数の列のリレーに分岐し、最後にまた教授に戻るツリー状のチャートはほとんど役立たない。そもそも教授が大学にいたらすぐに音信不通になっていたし、途中の学生も連絡がつかないとストップしてしまう。仮に学生からこちらに連絡してこなくても、新しい書き込みが増えただけで生存が確認できるtwitterは威力を発揮した。まだ電話もメールも機能しなかったときも稼働していたのである。むろん、一部の学生に対しては結局、電話を使ったり家に見にいってもらうなどで対応したが、三月十一日の実習があったおかげで、四月七日の大きな余震のときは速やかに安否確認が済んだ。

津波がもたらすもの

震災の翌日には日本郵船歴史博物館の「船↓建築」展に関連した遠藤秀平との対談が予定されていたが、まだ交通事情が不安定だったためにキャンセルとなる。これはル・コルビュジエをはじめとしてモダニズムの建築が、機能主義的な側面や審美的な造形において近代の客船の影響を受けたことを検証する企画だった。しかし、東日本大震災で起きたことは物理的なレベルでの船と建築の衝突だった。津波によって港の漁船が陸に乗り上げ、街を破壊していく。そんな映像を目の当たりにした直後だから、いずれにしろ比喩的なレベルにおいて船と建築の出会いをしゃべれるような状況ではなかっただろう。津波は、シュルレアリスムのようにモノの意味を組み換え、宙ぶらりんにして、しかも本来出会わないものを物理的にぶつけてしまう偶発的な自然の暴力である。

日本は世界有数の地震国であり、耐震の対策はずっと研究されてきた。実際、これだけの巨大地震でありながら、そうした成果により仙台の中心部は物的な被害が少ない。もちろん、インフラや物流が復活するまでサバイバルの日々が続いていたのだが、やはり津波の威力が圧倒的だった。たとえば紙相撲において台をとんとん叩くのが地震の揺れだとすれば、津波は横から直接紙の力士を手で押すような別のタイプの衝撃である。加えて奥が狭まるリアス式海岸の地形は水の威力を増し、金属の塊である車や船が凶器となって家屋に激突した。さらに浮力もかかる。建築の設計条件として雪の荷重を考えることはあっても、横からの力はせいぜい風だろう。しかも住宅よりもビルの場合が重要だ。ふつうは想定しない力が作動している。建築ではなく土木の防潮堤が津波をブロックすると考えているからだ。しかし、それが決壊したとき、われわれは逃げるしかない。

交通事情がある程度回復したタイミングで大学の招集がかかり、それを契機として津波による被災地をまわった。三月下旬から数日かけて仙台近郊の名取、亘理、仙台港、多賀城、そして岩手から南下し、大船渡、陸前高田、気仙沼、松島、石巻、女川、四月からは数ヵ所を再訪しつつ新たに南三陸町、塩竈、浦安などに立ち寄る。当時、仙台空港周辺は立ち入り禁止であり、自衛隊による遺体の捜索も行われていた。東京でテレビを見ていると、大量の情報があふれているにもかかわらず、「被災地」と「被災者」は画一的に切りとられがちだが、現場を訪れると想像以上に異なる状

宮城県亘理郡亘理町付近。盛り土の上を走る仙台東部道路（手前が浸水域）

況が展開している。それゆえ復興計画も一様ではありえないだろう。

上記の仙台近郊は平野であり、リアス式の地形とは違い、津波の高さが増幅しない。空撮で紹介されたように、黒い水のラインが地を這うように街を洗い流していた。仙台の中心部から向かい、盛り土になった仙台東部道路を越えて、海側に向かうと、一気に被害が激しくなる。平野部において、高い道路が期せずして津波をブロックする防潮堤の役割を果たしたからだ。何事もなかったように日常生活が営まれているニュータウンと、そこから海に向かって数ブロック先の壊滅した街。連続する平野ならば、おそらく地震は平等に揺らしたはずである。残っている民家がほとんど無傷であることから、地震には耐えたが、水辺の住宅は津波にのまれた。ただし壊滅的

1階は柱だけ残った鉄骨造の宮城県漁業協同組合亘理支所

なエリアでも、基壇が少し高かったり、手前の建物が威力を防いだり、水の流れが集中しなかった場所では、奇蹟的に軽傷の建築が認められた。たとえば亘理町では、鉄骨の建物でさえ無惨にねじ曲がった事例がある一方、水辺からの距離が同じなのに、あまり壊れていない木造の住宅がある。自然にそうした意図はないが、津波が人間社会にもたらす結果は残酷なまでに不平等だ。

平野の被害で特徴的なのは、一階の壁をぶち抜いているが二階はそのままの住宅や、一階部分の壁がなくなり、柱だけが残ったためにピロティ状態（一階が吹き放しの状態）になった鉄骨の建物が散見されたこと。二階の高さには到達しない、押し寄せる水圧で横から押し、壁を砕いていく津波ならではの被害だろう。いうまでもなく地震ではこういう壊れ方はありえない。逆にいうと、最初から建物を持ち上げた構造にしておけば、津波が下をすり抜け、被害を最小限に食い止めたかもしれない。破壊された建築をよく観察すると、水がどこから来てどちらへ流れていったかが思い浮かぶ。地面との関係で定義される地震とは異なり、津波では水平方向の力の動きが街を貫く。その威力がすさまじいと、陸前高田や南三陸町のように爆心地のような風景となる。水の衝撃波が方向性をもって壊すという意味では、爆弾の比喩はあながち的外れではない。もっとも、津波の場合は時差とともに押し波と引き波の二方向の運動が発生するのと（意外に後者の力も侮れない）、爆弾が一点から広がっていくところは違う。

津波の予防は可能なのか。地震の場合、建築と大地の関係だけを計算すればいい。建築をシンプルな構造モデルに置き換え、シミュレーションを行う。津波も土木レベルであれば、海からの水と防潮堤の関係を考えればよいので比較的簡単である。だが、防潮堤を乗りこえて侵入した水の動きは複雑だ。どの方向から水がやってくるか、またクルマや船、材木などの漂流物がぶつからないか、あるいは周辺が空地なのか、手前にブロックとなる別の建物があるか。計算すべき要素があまりにも多く、きわめて複雑なシミュレーションになるだろう。

多様な被災地の状況

四月六日、舞浜から浦安の周辺を歩いた。舞浜駅はまっくらで、東京ディズニーランドもまだ閉園している。このエリアは大規模な液状化現象が発生しており、すでにあちこちで道路の修復や新興住宅地の設備工事が行われていた。波打つような道路を歩きながら、浦安へ。しっかりとした杭を打つ大規模なマンションが傾くような事例はなかったが、小さな構築物はおかしくなっていた。たとえば交番は激しく傾き、一階のドアや二階の窓を目貼りし、完全に使用不可である。もうひとつ浦安で気になったのは、公園、公共施設やマンションの前などいたるところに仮設トイレが置かれていたこと。目に見えない地下のインフラが寸断されていたからである。当時すでに仙台はほぼ水が復旧していたから、よりひどい都市災害かもしれない。

阪神淡路大震災では、亡くなった人の約八割が圧死であり、多くの木造家屋が倒壊したことがよく知られている。法規によって建物の耐震性能をあげていくことや、都市の防災性能をあげるべく空地をつくる区画整理を行うことが基本的な対策になった。これは関東大震災を含む二十世紀の対応と同じであり、日本はその方向性を推進してきたといえるだろう。一方、東日本大震災では死者の九割以上が水死であることが報告されている。建物が壊れ、そのまま屋根が落ちて、下敷きになった場合、モノも人も同じ敷地に残ったままだ。しかし、津波が恐ろしいのはモノを移動させてしまうことである。木造の家屋が基礎から切り離され、水にのって流されていく。それゆえ被災地では基礎の跡だけが残る場面があり、古代の遺跡を歩いているかのようだった。地面の上にかつての間取りを示すラインだけが存在し、ありし日の生活を想像させる。不意に、床のラインだけで建築を表現した『ドッグヴィル』（監督ラース・フォン・トリアー、二〇〇三年）の特殊な映画美術を思いだす。

左ページ・千葉県浦和市。液状化により傾いた富岡町の交番（上）と仮設トイレ（下）。

浦安市
富岡三丁
Tomioka 3-

災害用仮設トイレ
浦安市
NO.28
用仮設トイレ
30

五月に仙台から仙石線で北へ向かうと、東塩釜が北限だった、その先の松島や石巻に向かう線路は断たれており、代行バスに切り替わる。リアス式海岸に沿って走る気仙沼線もあちこちで破壊されていたが、線路は上からの荷重には強くても、横からの波の力にはきわめて弱いことがよくわかった。随所で道路のアスファルトもめくられていたが、同じ理屈だろう。塩竈は船が乗り上げ、地盤の破壊が著しい。海沿いには流されて転倒した家屋、壊れたガラスを目貼りして閉鎖していた大型のショッピングセンター、めちゃくちゃになったパチンコ店、そして空っぽになったコンビニの残骸。地震で倒壊した家屋やパネルが剝がれ落ちた商店も目についた。

陸前高田は衝撃的な風景だった。一部の鉄筋コンクリート造の建物をのぞき、ほとんどの上屋が消滅し、まっさらになっていたからである。地震で倒壊すればその場所に瓦礫が残るが、激しい津波はそれすらも流してしまう。ここでは引き波で持っていかれたせいか、瓦礫全体の量が足りないようにも思えた。残っていた瓦礫は、何もかもすべてをミキサーにかけて混ぜこぜにして山の際（きわ）に押しつけたような惨状である。筆者は戦争を体験していない世代だが、爆心地とはこのような風景ではないかと想像した。かろうじて残っていたアパートを見ると、四階の窓までぶち抜かれている。五階はバルコニーが少し壊れていたから、陸前高田を襲った津波の高さが推測できるだろう。そして景勝地として知られる防風のための松林を完全に喪失した。広田湾に面する高田松原公園は海とつながってどこだったのかわからなくなり、そこのスタジアムも水没している。破壊された街において水に囲まれ、四本の照明スタンドだけが残る姿は、この世のものとは思えないシュールな風景

左ページ・岩手県陸前高田市。雇用促進住宅
陸前高田第２宿舎（上）と高田松原第１球場（下）

だった。またドラゴンレール大船渡線が消失し、市街地の視界をさえぎるものがなくなっている。

南三陸町も壊滅的なダメージを受けた町のひとつである。一部の鉄筋コンクリート造の建物をのぞき、ほとんどの建物が消え、気仙沼線のレールも志津川駅も跡形がないくらいに崩れてしまった。異様なまでに見晴らしがよくなっている。生きのびた被災者にとって、かつて自分が住んでいた場所を訪れても、記念品や写真集など生活の痕跡をみつけることができないのは、精神的にも辛いだろう。記憶すら奪われているのだ。地震だけであればモノは垂直方向にしか動かないが、津波は水平方向に持ち去ってしまう。遺体さえ発見されず、行方不明者が多いことは東日本大震災の特徴だろう。

それでも平野部では、二階の被害は少ないのだから、一階を最初から吹き放しのピロティとし、二階以上で暮らす形式の家を建てたり、集合住宅をメインにすることで津波に対抗できるのではないかと考えられるだろう。また鉄筋コンクリートの建物は残っているので、木造の住宅を建てないようにするか、中層の集合住宅に変えていく、といった対策もありうる。たとえば津波を想定したものではないが、強風に耐えることが要請され、シロアリの被害が多い沖縄では木造住宅はほとんどなく、鉄筋コンクリート造が主流だ。これなら流されにくいだろう。また越後妻有（つまり）のエリアは、豪雪地帯であるために多くの家屋が一階は居住部分とせず、下部を鉄筋コンクリート造にしている。これは新潟の県条例によって導かれたものである。もっとも海水に浸された平野の農地は耕作ができなくなり、命は守られても生活基盤は破壊されてしまう。


左ページ上・陸前高田市。傾いたショッピングセンター広告塔のすぐ背後を大船渡線が走っていた。下・宮城県本吉郡南三陸町志津川地区。前方（中央左手）に3階建てRC造の南三陸警察署

建築の敗北宣言

被災地をまわりながら、大船渡のリアスホールや石巻の宮城県慶長使節船ミュージアム（サン・ファン館）など著名建築家が設計した文化施設が避難所として機能しているのを見て、非常時に建築が発揮した力に勇気づけられる場面もあった。しかし、ビルが横倒しになったらしいという断片的なニュースを聞いて訪れた宮城県の女川町で言葉を失った。八割の建物が被災し、カオスというべき無茶苦茶の風景である。呆然としながら、廃墟になった街を一時間ほど歩くと、だんだんと異常な壊れ方をしているビルの存在に気づく。四階建ての鉄筋コンクリート造や鉄骨のビルがゴロゴロ転がっている。こんなことが本当に起きるのか？　わが目を疑った。しかも隣に倒れているのではなく、水の力によってこれほど重い物体が場所を移動していたのだ。建物自体はけっして手抜き工事がされていたわけではなく、きちんと施工されていたおかげで、流されても軀体は壊れることなく、そのままのかたちでビルが寝転んでいる。振動による液状化現象が起きたことで、地盤が緩くなったことから杭ごと引っこ抜かれ、津波で漂流した後、横倒しになり、基礎の部分がまる見えになったコンクリートの建物の姿は生涯忘れられないだろう。

女川では海辺の高台に町立病院があり、街の全景を見下ろそうと、手すりが壊れた階段を登った。すると驚くべきことに病院の一階も浸水し、玄関にクルマが突っ込んでいた。ここでは二〇メートル超えの津波が起き、高台の手すりももぎとられている。巨大津波が都市を襲うハリウッドの災害映画『ディープ・インパクト』（監督ミミ・レダー、一九九八年）や『２０１２』（監督ローランド・エメ

左ページ・宮城県牡鹿郡女川町。ともにRC造ながら基礎ごと転倒した4階建て（上）と2階建て（下）のビル。28－29ページ・女川町立病院側から3階建て鉄骨造の老舗スーパーを見下ろす

リッヒ、二〇〇九年）の世界だ。高台に立ってその瞬間に起きていたことを想像すると、眼下、いや自分が立っている場所も足元が浸された状態で街全体が水に満たされていたわけである。たとえ命が助かっても、その風景を目撃したら精神的なトラウマになるだろう。筆者ならもう住めなくなる。さんざん批判されているが、現場に立って津波のすさまじさをありありと想像したとき、逆に福島原発や避難所になった女川の原発は、この想定外の衝撃に対して設備系統がやられたとはいえ、よく本体の構造が持ちこたえたと思った。

電信柱がずたずたに寸断され、三階建てのビルの屋上にアクロバティックにクルマが漂着した風景など、文字どおりに想像を絶する町の破壊を目の当たりにして、3・11以降は暴力的な表現の現代アートや生ぬるい作品を発表することがしばらくむずかしくなったと思う。いや、亘理町や気仙沼はともかく、ここでふたたび建築をつくることは可能なのかと自問せざるをえなかった。原発のような構造物、あるいは核シェルターのような建築ならば津波に対抗できるかもしれない。だが、そこまで過剰なスペックを装備してまで人間はここに住むべきなのか。こう書くと、被災者の気持ちを考えろ、という批判がなされるのだが、被災者も一様ではない。愛着のある街にまた住みたいという人と、新天地で別の仕事を探して、もう住みたくないという人に分かれている。

戦争であれば人智によって回避できる。だが地震とそれに連動する津波は、残念ながら避けがたい周期性をもつ。宮城県沖地震は三十年以内に九九パーセント発生すると予測されていたし、過去にも数十年おきに確実に発生してきた。いま生きている人はもう津波に遭遇しないで済むかもしれない。だが、同じ場所で暮らす子供や子孫は間違いなく津波に襲われる。女川町では急ピッチで電柱を再建し、瓦礫の撤去作業は始まっていた。廃墟の街に真新しい電柱だけが並ぶ不思議な風景である。だが、不謹慎ながら廃墟は部分的にでも残すべきではないかと思った。記憶を風化させないために。地上のほとんどのモノをさらわれてしまった陸前高田とは違い、女川町にはモノが壊れた状態で残っている西洋的な廃墟がある。鉄筋コンクリートのビルでも流されることをわれわれが肝に銘ずるためにも必要ではないか。建築や土木がいつも自然に勝つのではなく、ときには敗北宣言をしてもよいのではないかと考えさせられた。

建築家に何が可能か

震災後さまざまな提案が出されているが、ここでは建築家の動きを紹介しよう。復興には三段階のフェイズがある。第一段階は家を失ったり自宅に戻れなくなった人たちが体育館の避難所などに身を寄せる応急措置的なもの、第二段階は数年間は暮らす仮設住宅、そして第三段階では元の場所に新しい街が建設されるが、サバイバル状態の第一段階において建築家が空間的に介入するのはむずかしい。第二段階でもすでにシステム化されており、いまからではほとんど手遅れである。本領を発揮するのは第三段階の復興だと思われるが、社会的にくいこめるかはまだわからない。

坂(ばん)茂は、大空間に放り出された被災者の私生活がまる見えになるプライバシーの問題を解決すべく、岩手県立大槌高校など避難所の体育館で紙管と木綿布による簡易な間仕切りシステムを設置し、ぎりぎり第一段階に関与した。すでに中国の四川大地震や新潟県中越地震などで仮設の空間をつくった実績があるからこそ可能になった活動だろう。四国の齊藤正は、仮設風呂「ZENKON湯」を被災地につくるプロジェクトを実践した。工学院大学の鈴木敏彦も、ひとり用のテント「ダンボールシェルター」を考案している。続いて坂は、用地確保がままならない仮設住宅の状況に対し、コンテナを市松模様のパターンで積むことで戸数を稼ぐ三層のシステムを提案した。吉村靖孝も常設の住宅に転用可能なコンテナ規格のユニットや、大和リースと共同でインフラフリーの未来型災害救助ユニット「EDV-01」を発表している。後者は接続を必要としないスタンド・アローンであり、月面基地のようにユニットを現地に運んで置くだけで自動的に成立する。また山本理顕はYGSA（横浜国立大学大学院／建築都市スクール）の学生とともに、阪神淡路大震災の仮設住宅においてコミュニティが崩壊し、多くの孤独死をもたらしたことをふまえ、すべてを南面させず、住戸が互いに向き合う配置やガラス張りの玄関によって人と人のつながりを維持させる仮設住宅を提案した。

陸前高田市立第一中学校の校庭では、三月末にダイワハウスの仮設住宅がほぼ完成していたが、単純な直列が並ぶ配置だった。しかしよく見ると、建物だけの問題ではなく、簡易な下水のインフラも同時に構築されており、仮に雁行を提案するにしてもすでにパッケージとして完成された合理的なシステムをデザインの視点から変えるのはむずかしいこともよくわかる。むろん、こうした仮設住宅を補完するような空間の提案なら、いまからでも十分に関与できるだろう。ともあれ、とく

陸前高田市立第1中学校の校庭に建設されたダイワハウスの仮設住宅

に緊急性が求められる仮設住宅では、災害が起きてからのアクションでは遅いことをあらためて思い知らされた。とはいえ、まったくの無駄というわけではない。常時においても粘り強く提案を継続すれば、次に起きる地震では採用される可能性が高くなるだろう。日本では確実にまた地震が起きるのだから、提案を忘れず持続することが大事だ。

仙台の卸町（若林区）にある倉庫を転用した阿部仁史事務所を気遣うメールがきっかけとなって、震災復興をサポートするための建築家や教育者による国際的ネットワーク、アーキエイドが立ち上がった。バンド・エイドの建築版というべきか。目標としては、第三段階の復興計画において個別の場所と環境を読む建築家のスキルを生かすこと、被災した東北エリアの教育環境を支援すること、関連するリサーチや活動のアーカイブをつくること、そしてこれらの目的のために使える寄付金を集めることなどが掲げられた。四月初旬にホームページが開設されたばかりの運動体だが、東北地方に豊かな空間を生みだすプラットフォームとして機能することが期待されている。

アーキエイドは一九六〇年代から七〇年代生まれによる四十代の建築家が中心だが、上の世代のトップスターは帰心の会を結成した。隈研吾と内藤廣の声がけで伊東豊雄、妹島和世、山本理顕らが名を連ね、五月一日、神谷町の伊東建築塾で最初のシンポジウムが開催された。一九四〇年代から五〇年代生まれによる世界的な建築家たちである（「帰心＝KYSINの会」とは以上五名のイニシャルを並べ替えてつけられた名称）。彼らは、いま建築家は社会において信用されているか？を自問しつつ、妹島は避難所の体育館に小さなテーブルを置くだけでも空間は変わる、山本は提案した仮設住宅に対する制度の壁が高いと述べる。伊東は、他人の批判をしないこと、私を超えた活動、小さくてもできることから手をつけることを考え、被災地に八畳の小空間でもいいから、心のよりどころとなる建築の原型をつくれないかという。

彼らも壊滅した街の風景を前にまだとまどい、模索していた。一方で、世界的な建築家の空間構想力が国家からまったく求められていない事実にあらためて唖然とする。もっとも建築家の側にも責任がないわけではない。いざというときに声がかからないのは、黒川紀章のような例外をのぞき一九七〇年代以降、建築家が都市への積極的な提案をやめていたことに起因している。震災が起きてから、声を大にしてもすぐには届きにくい。

文化被災者としての経験

3・11の後、東北大学の青葉山キャンパスとしばらく音信不通になっていた。ようやくまとまった連絡が入ったのが十三日の夜である。震災のときに大学にいた多くの教職員は、完成したばかりのセンタースクエアの中央棟で二日間を過ごしていたという。そしてtwitterを経由して、筆者の研究室が入る人間・環境系の建物が激しく損壊していたことを知る。二階建ての低層部分が基壇のようなヴォリュームをもち、九階建てのタワーを両側から挟んでいるのだが、それぞれの揺れが異なることによって付け根にあたる三階部分の四隅の柱が座屈したのだ。コンクリートがはじけ、内部の鉄筋が剝き出しになり、鉄骨は破断し、壁に亀裂が入ったのである。構造系の先生の表現を借りるとアキレス腱を切ったような危険な状態であり、建物判定では赤紙、すなわち立ち入り禁止になった。大きな余震が発生すると倒壊する恐れがあるとされた職場は、まだ存在するにもかかわらず、実質的に失われたのである。

十日を最後に使った研究室はもう使えない。大量の書籍を置いたまま完全封鎖された。東京、仙台の宿舎、東北大学に分散配置していたとはいえ、研究室に四割近い本が残っている。一九六九年に竣工した築四十年以上の建物だったが、二〇〇一年にブレースや耐震壁を入れて耐震補強の工事が行われ、三ヵ所のなかでもっとも安全だと思っていた場所だった。しかし一九七八年の宮城県沖地震のダメージが内部に残っていたようである。そして構造系の先生は、青葉山の弱い地盤が振動と共振し、仮説どおりに壊れたと指摘する。また耐震補強をしたからこそ、この程度で済んだという。なるほど、とりあえず教職員は怪我をすることなく全員無事に逃げることはできた。しかし、研究室のメンバーは共有の場を失い、離散状態になる。自分たちの居場所でふたたび安心して集まる日が早く訪れることを願う。計画・意匠・歴史系の先生と学生は漂流教室を余儀なくされた。これから仮設の校舎を経て新築の建物に入るまで最低三年はかかるだろう。津波で家を失った被災者と同じプロセスである。ちなみに東北大の構造系は隣の新棟に移っており、まったく被害がない。東部道路を隔てて明暗が分かれたように学科内に格差が生じた。

その後余震のたびに人間・環境棟のひびは大きくなった。四月七日の激しい揺れのときは、もうだめかと思いきや、まだ残っている。構造系の先生にとっては隣で1—1のスケールの破壊試験が進行しているような状況だろう。ただ、筆者も被災地をまわるときは壊れ方ばかりを見ているのだから、文句はいえない。問題は本である。アマゾンですぐに購入できるものならお金で解決するが、二十年の研究生活で集めた貴重な書籍や資料だ。執筆を生業としているものにとっては、そう簡単にあきらめきれない。震災の発生時は関東にいて体は無事だが、本とともに記憶の外部装置が喪失したような気分である。もっとも、常時であれば一冊の本が破損したり、なくなると大変に不愉快な気分になるが、千冊以上が一気に危なくなる非常事態だと感覚が麻痺してしまう。

結局、三月末、五月から講義を再開させるのに最低限必要な物資をとりだすためという名目で、一時間半だけ教職員は室内に入っていいという決死隊の作業が認められることになった。ヘルメットを着用し、手袋やマスクをして、時間を気にしながら、そして余震にびくびくしながら急いで本を運びだす。本棚から飛びだし、床に大量の書籍が散乱していたが、片付ける余裕はない。嘆かわしいことにそのまま土足で本の山を踏みながら十分なトリアージ、すなわち選別もできないまま、このエリアの書籍は救出しようとあたりをつけてつかんでいく。ニュージーランドの建物倒壊でも垂直動線のコアの部分だけ残ったように、比較的安全な階段室までいったん移動させ、後からまとめて下に降ろす。とりあえず、ダンボールに十五箱分ぐらいの重要な本を取り戻すことができた。

それにしても誰もいなくなった白昼のビルは不気味である。ここで人が亡くなったわけではないが、捨てられた建物の死臭が漂う。実際に破損し物理的にも危険だというのもあるだろう。だが、ついさっきまで使っていた痕跡があちこちに残っているのに、震災が発生したところで生きられた時間が断ち切られ、まったく人の気配を失っている。後にこの奇妙な体験は、福島の原発事故における警戒区域への一時帰宅とよく似ていることに気がついた。半径二〇キロメートル圏内がゴーストタウンと化し、震災が終わっても、そこでふたたび生活を始めることができない苦しみ。だから、この喪失感を少しだけ共有できる。

報道と現場の建築破壊

切りとられた被災地

千年に一度の災害といわれる東日本大震災は、広域のエリアにおいて建築や土木構造物に未曽有のダメージを与えた（六月に内閣府が発表したデータによれば、住宅、店舗、事務所、工場を含む建築物等の被害推定額は約十兆四千億円であり、阪神淡路大震災の約六兆三千億円をはるかに上まわる。具体的には流出全壊が約十一万五千棟、半壊が約十六万二千棟だった――九月現在）。しばらくのあいだテレビ、新聞、雑誌などマスコミの報道が一色になったことも忘れがたい経験である。じつは二〇一一年の三月下旬はずっと見たいと思っていたドバイに行く予定だった。しかし、キャンセル料を払って飛行機とホテルの予約をとりさげた。むろん、勤務先の大学の建物が損傷したことも大きな理由だが、メディアを通じてではなく自分で現場を見ようと思ったからである。またいつでも行けるドバイの超高層ビル群よりも、このときに建築の関係者にとって、世界でもっとも訪れるべき場所は建築と都市と土木が壊された被災地だった。

余震があいつぐなか、地震を報道する画面と共振して身体が揺れるような不思議な体験を覚えながらテレビを見ていると、東北地方の全域が破壊されたようなイメージが伝わってくる。一方で当時、仙台で被災した人たちは停電が続き、テレビはおろかtwitterも使えない環境にいたという。東北大学の同僚や学生は天皇のメッセージも見ていないし、数日経ってはじめて津波の映像を目にした。情報過多の非被災地と情報が遮断された被災地。テレビでは同じ場所の津波映像が繰り返されるため、どこも同じような被害が発生したように見えるが、実際はそれらが一様ではなく、個別の場所で異なる建築の壊れ方をしていた。仙台の平野部では田畑が津波に洗われ、農業ができなくなったのに対して、大船渡ではリアス式海岸の地形によって水の威力が増幅し、海辺の倉庫や工場が無惨な姿になっている。南三陸町もほとんどの建物が消え、駅や線路の位置がわからなくなった。あるいは液状化に苦しむ浦安の埋め立て地。それぞれにおいて異なるタイプの被害がもたらされ、ひとつとして同じものがない。

仙台の中心部については意外なくらい地震そのものの被害は目立たない。むろん、外壁が剝落したり内部でひびが入ったビルはある。卸町のエリアは津波が届かなかったものの、つぶれた倉庫やビルが散見された。また内陸でも長町(ながまち)―利府(りふ)線断層沿いや切り土と盛り土の境界では地震の被害が起きている。しかし三月下旬、新宿発の特別運行のバスで仙台に到着したとき、おそらくボランティアで向かった人だと思われるが、なんだ街はふつうじゃないかとつぶやいていたように、けっして壊滅的な状況ではない。当時、仙台のインフラは復旧の途上にあり、ちょっと不便な街というぐらいだった。筆者が暮らす東北大学の宿舎もその日からちょうど水が出るようになった。

ともあれ、建築が想像以上に大丈夫だったのは、一九七八年の宮城県沖地震など過去の震災の経験から日本が建築の耐震化を進めてきた成果があっただろう。木造家屋の倒壊によって五千人が圧死した阪神淡路大震災後に書かれた坂本功の『木造建築を見直す』（岩波新書、二〇〇〇年）は、震災と耐震基準の変化の歴史をひもときながら、耐力壁がきちんと配置されていれば現代の木造住宅が意外に強いことを説いている。今回、死者を出した九段会館やショッピングセンターにおける天井の落下など二次的な部材の被害が注目されたのも、逆にいえば地震の規模のわりには全壊の物件が少なかったからだろう。仙台の平野部をまわったとき、屋根の瓦が落ちることはあっても、ぺしゃんこにつぶれた家がないことから、地震そのものの被害は想像以上に少ないことに気づいた。しかし、津波が到達したエリアに踏み込むと、あっという間に一帯は壊滅的な状況になる。とくにクルマで連続的に移動すると、風景が瞬間的に切り替わる。激しい被災地と、ほとんど外観上何も被害を受けていない日常の風景が残酷なまでに隣接していることに驚かされた。メディアは「被災地」だけを切りとる。避難所と化した体育館も報道の現場になった。しかし、あまり絵にならない仙台の中心部は映さない。ゆえに、被災地の外から見ると仙台がまるごと壊滅したような印象をもってしまう。実際、東日本大震災の後、国内、あるいは国外で筆者が仙台から来たというと、相手がぎょっとして驚く場面にいくどか遭遇した。

釜石市（岩手県）設置の多言語による避難サイン

シンボルの不在

地震よりも、それがもたらした津波の被害が圧倒的に大きい。津波が水辺の町を襲い、壊滅的な風景がもたらされている。亘理町では、鉄骨の建物でさえ、水の力が一階の壁をぶち抜き柱だけが残り、上部は無傷という事例がいくつか認められた。むろん、対策がなかったわけではない。たとえば釜石、大槌町、山田町、宮古、田老町など岩手県をまわると、街のなかに津波の警告や避難路のサインが目立ち、多くの場合、海が見えないほど高い防潮堤に守られている。津波浸水想定区域も表示されていた。

東日本大震災を特集した写真週刊誌において、あるカメラマンが以下のようなことを記していた。通常、こうした災害の報道現場では何人もの同業者が同じところで出会い、同じようなキメの写真を撮るのだが、今回はあまりにも被害が広域であり、ほとんど他のカメラマンと鉢合わせにならなかったという。阪神淡路大震災が局所的な災害であるのに対し、東日本大震災は規模が大きすぎて被害の全容がよくわかりにくいのだ。

津波が八戸、仙台港、東松島などに押し寄せる映像は嫌というほどテレビで繰り返されたが、福島でダムが決壊したことを知る人は少ないだろう。いわば上からの津波によって小さな集落がやられたが、死者が少ないためにほとんどニュースにならなかった。平時に起きていればそれなりに報道されたはずだろう。またディズニーランドに近い浦安の液状化現象はよくとりあげられたが、埼玉や仙台でも同じ問題が起きたことはあまり知られていない。宇都宮在住の建築家によれば、同市では地震によって瓦屋根がやられ、大谷石の塀が数多く倒壊し、鉄骨の建物は上部のパネルが剝落した。震災に伴う、いわき市における炭坑の陥没事故や地鳴り現象は、死者がいないだけに専門の学者しか関心をもたないだろう。東北大学もいくつかの建物が使用不可能になったが、教職員も学生も怪我はなかった。おそらく災害の大きさからすれば、これは小さなエピソードでしかない。

阪神淡路大震災では、倒壊した巨大な高架道路というインパクトのあるキー・ビジュアルがすぐに新聞やテレビのニュースで登場した。当時学生だった筆者はそれを衝撃的な風景として受けとめたが、後にこの災害を振り返るときもこの写真がよく使われている。だが、東日本大震災は視覚的なイメージがひとつに収束しない。とはいえ、一般人も使える映像機器の普及によって、その瞬間の津波による悲劇的な映像がすでにテレビで大量に流されたではないか、と思うかもしれない。なるほど、それは東日本大震災の報道の大きな特徴である。

だが、実際にいくつもの被災地をまわり、その考え方を改めた。われわれがテレビやネットで膨大な映像を見て、津波は怖いとわかった気分になったことがむしろまずいのではないか。たとえば陸前高田や女川町では、想像を絶する建物の壊れ方をしていた。筆者は東京でかなりの時間テレビを見ていたが、このふたつの町が襲われた瞬間の映像は記憶していない。おそらくテレビ向けの映像を撮影する余裕がなかったのだろう。後にYouTubeでいくらか映像が出回ったが、これらの現場を訪れ、筆者も津波の怖さをまだ十分に理解していなかったことを思い知った。

陸前高田の海辺は、そもそも撮影すべき建物が残っていない。すべてが吹き飛ばされ、廃墟にもなりえない風景だった。そして女川では、U字型に狭まっていく地形が津波を増幅したことにより、鉄筋コンクリート造や鉄骨のビルが流され、あちこちにごろごろ転がっていた。テレビで繰り返し放映されたように、木造の家屋が簡単に流されることは日本人に共有されている。だが、重いコンクリートのビルがこんな状態になりうるとは正直聞いたことがない。にもかかわらず、初期の報道において女川の異常な建築破壊の様子はまったくとりあげられなかった。それほどに東日本大震災はデカい、のである。

フクシマと東北の廃墟

3・11の直後、十日くらいのあいだに東京、沖縄、北陸をまわりながら被災地との距離を体感した。北陸の住民は直後に携帯がつながらなくなったことを経験していたが、東北新幹線の払い戻しをしようとしたところ、JRの駅員があまり東北本線の事情を理解していなかったことに距離を感じた。陸続きではない沖縄は当然揺れることもなく、原発もないために日常的な風景が続いていた。原発の事故をとくに騒いでいるのは、東京とそこから発信されるメディアである。毎週東京と仙台を往復すると、いちばん意識の違いを感じるのはここだ。東京に来ると、多くの人がみずから巻き込まれた被災者として放射線量の話題ばかりに集中しているが、仙台あるいは東北の被災地を訪れると、それどころではない。むろん、原発事故は世界史的に考えると重要だが、こればかりが強調されると、日本において戦後最悪の死者・行方不明者を出した自然被害が相対的に小さく報道される。五月にせんだいメディアテークで「思想地図」のシンポジウムを開催したとき、なぜ仙台でフクシマの話をするのかと批判した聴衆がいたのも、おそらくこちらの被災地を忘れないでという気持ちがあるからだろう。

以下に、仙台の平野部がどうなったかについてふれたい。ほとんどの家屋が流され、小学校だけがぽつんと残っている。耐震基準とは違い、そもそも津波は防潮堤などの土木構築物でブロックされることを前提にしており、建築を設計するときには想定されない破壊の力である。蒲生では、川沿いの中野小学校が残っていたが、内部に入ると二階の床まで泥まみれになっていた。また地震で天井が落下するのではなく、むしろ押し寄せた水で上に突き上げられ、天井から金具が飛びだすような壊れ方をしている。荒浜小学校も一階の教室にクルマや流木が激突したままだった。しかし、

左ページ・宮城県仙台市宮城野区、市立中野小学校
46 - 47ページ・仙台市若林区（市立荒浜小学校の屋上から）

三階以上には仮設トイレなどが設置され、一時期避難所として活用された痕跡がある。また緊急の車両などを入れるためか、グラウンドがアスファルトで舗装されていた。構造は致命傷を負ってないのでこの小学校はまだ使えるだろう。しかし、無人になった街で誰が登校するのか。

三月下旬、名取で車を走らせていたとき、空港周辺は立ち入り禁止であり、自衛隊による遺体の捜索が行われていた。あらかじめ被災地の映像は見ていたが、現場で最初に感じる最大の違いは臭いである。地震による破壊では、垂直方向に落ちるだけでモノは移動しない。だが、津波は住宅や家具などあらゆるモノを無茶苦茶にかき混ぜ、場所を変えてしまう。その結果、クルマとクルマが曲芸のようなぶつかり方をする。仙台港の付近では被災したビール工場の商品が道路に散乱したり、大量の新車が破壊されていたが、隣接する多賀城のロードサイドもクルマだらけだった。チェーン店やファミレスが並ぶ、日本中どこにでもあるような風景。しかし、津波はその大動脈を流れるクルマを凶器に変えた。無秩序に流れだした金属の塊は、すさまじい破壊力をもつ。ロードサイドの店舗に次々とクルマが突っ込み、積み重なっていく。一方、漁港の石巻では陸に乗り上げた船が建物に激突している。街の特性である人工的な環境が、皮肉なことに破壊の特徴的な要因になっていた。気仙沼では、流失した重油によって火事が起きたために、焼け焦げた廃墟が出現した。仙台の平野部では田畑が津波に洗われ、農業ができなくなったのに対して、大船渡ではリアス式海岸の地形によって水の威力が増し、海辺の倉庫や工場が無惨な姿になっている。

ところで拙著『ぼくらが夢見た未来都市』（磯達雄との共著、ＰＨＰ新書、二〇一〇年）は、建築家

左ページ上・クルマ同士の衝突（宮城県名取市）
下・店舗を襲ったクルマ（宮城県多賀城市）

東京銀座
紳士服

による未来的な都市計画のプロジェクトと、小説・漫画・映画における未来都市を交差させながら論じた本だが、SF的な想像力においていかに東京が繰り返し破壊されているか、しかし建築家の構想力においていかに東京改造計画が何度も提案されてきたかをとりあげた。今回、現地で得た感触は、描かれる廃墟が実際のものとは違うことだった。震災後に鑑賞した映画『トランスフォーマー／ダークサイド・ムーン』（監督マイケル・ベイ、二〇一一年）のクライマックスとなるシカゴの破壊は、3Dの力を強調するために最後はあきれるくらい長時間にわたって戦闘の場面が続くが、やはり違和感を覚えた。CGの廃墟はとてもよくデザインされている。つまり、モノが絶妙のバランスで配置され、絵になる風景なのだ。一方、本物の廃墟のほうが圧倒的に複雑である。まさにカオスで、無様なのだ。気まぐれな自然の暴力は当然ながら、意図的なデザインなどしない。だが、それゆえに、ときには人間のデザイン的な想像力をはるかに凌駕する驚くべき風景も偶発的に生まれるのだ。

見慣れた風景が変わるとき

水没コンペは、テーマの設定が大変に興味深い企画だった。二〇〇七年に日本文化デザイン会議で公開審査が行われたアイデア・コンペである。地球温暖化をふまえ、海面が上昇し、二〇五〇年には現在よりも五メートル高くなり、日本列島の一部が沈没するという設定で建築的な提案を行うものだ。津波のように瞬間的に水が襲うわけではない。数十年かけて、じわじわと海面が上昇する。ゆるやかに遅延された津波というべきか。たとえば防災科学研究所と岐阜大学では、温暖化の進んだ二〇九九年、台風の来襲で高潮が発生すると、中部国際空港の旅客ターミナルは二メートルの高さまで水没するというシミュレーションがなされている。ともあれコンペは日常的な風景が根本的に変化する現象に注目しつつ、それを与件としながら、ネガティブな態度をとるのではなく、ポジティブな空間の可能性を求めていた。

筆者はこのコンペの審査を担当したが、個人的な好みでは、茅岡彰人らの「記憶の種を打ち込む杭」が詩的な想像力を喚起させる美しい案だった。巨大なアクリルの円筒が海に埋め込まれ、その内部に水面下のレベルになった街が残っている。結果的に空間と時間のコラージュが発生し、シュールな風景が出現する。おそらくもっとも空想的かつ時間のスパンが長い案だろう。数千年後に残る建築を提案した自分の卒業設計にも似ているから、当然気になる。これはほかの支持を集められないと思い、なんとか三位くらいに入賞するよう推していたのだが、コンペの審査というのは生ものので、上位案が割れたために漁夫の利のようなかたちで最優秀となったのは、正直いって意外だった。

中貴志らの「PARASITIC TOWN」は、都市が水没したとき、最初に打撃を受ける社会的な弱者をとりあげていることを評価したい。もっとも、映画『ウォーターワールド』(監督ケヴィン・レイノルズ、一九九五年)のような日雇い労働者によるセルフ・ビルドの非合法的な構築物が生まれるよりも、実際は佐藤弓衣らの「海のハタケ」のように、廃棄された海辺のビルのまだ水が侵入しない上階が占拠されるのではないかと思う(この案では、植物生育工場になっていたが)。酒見和裕らの「HIGH-CONNECTED-WAY AND THE CITY」は、水位が上昇することで高架道路の意味が変わることに注目しており、もっとも現実的にありうる案だろう。高架にホテルやオフィスが入り、船着場が設置されるのだ。

工藤健太郎の「イノー」は、水没するのにわざわざ島を削り、積極的に水路を誘導しながらつくろうという意外性が目を引く。沖縄の久高島という場所の設定も興味深い。間違いなく案のユニークさにおいて際立つ。山口浩志らの「心のウキワ」は、家型という記号のもつ力を巧みに活用していた。家型の建築が水で浮上し、転んで横になっても使えるような空間の提案である。悲惨な状況を笑いとばせるようなユーモアがある。しかし、徐々に浮きあがり、家がひっくりかえる瞬間、おそらく室内では家具やモノが転倒し、ぐちゃぐちゃになってしまうのを想像すると、それを回避する違う設定もありえたのではないかと思った。

最終選考に残ったもの以外は本人のプレゼンテーションもなく、じっくりと考える時間はなかったが、会場に並べられたパネルには興味深い作品が散見された。やはり、コンペのテーマのおもしろさがそうした創造力をかきたてたのだろう。

災害に強い病院を考える

震災対応をテーマにしたデザイン

二〇一一年一月二十七日、NIED／地震防災フロンティア研究センターのシンポジウムがよみうり神戸ホールで開催され、そのプログラムのひとつ「建築家が考える災害に強い病院とは？」において講評を行うために筆者も参加した。

これは阪神大震災級の地震が起きると想定し、直後のトリアージ（多数傷病者発生時、患者の容態に応じて、現場で救える命を救う手法）に効果的に対応できる病院のモデルの提出を三組の建築家に依頼したものである。設計条件としては、日常はふつうの病院だが、非常時には中継基地的な病院になることから、被災外への緊急搬送がしやすい伊丹空港に隣接する敷地が選ばれた。

川崎清の環境・建築研究所は、余裕のある中央通路＝モールを通し、その両サイドに病棟、診療、事務、外来などのブロックを分散配置した。つまりヤキトリ型のプランになっており、幅が広い串の部分が非常時のトリアージに対応する。また森崎輝行は、六つのブロックが中庭を囲むコの字プランを提案した。これは飛び道具的な装置をもち、非常時に中庭の上部の採光可能なシャッターが閉じて室内化し、トリアージのための場所に変身する。そして宮本佳明は、さまざまなアイデアを詰め込んだ幕の内弁当的なプロジェクトだった。たとえば災害に備えた空間の余裕として中庭を散りばめること、大きな庇をもつことで非常時に役立つ半屋外空間を設けること、傷病者の受け入れと搬送を分離する屋外の二種類の動線をつくる、壁面埋め込み型ベッドによる増床のシステムなどである。いずれも日常と非日常における使われ方の違いをあらかじめデザインに組み込んだものだ。

今回の条件設定では、病院のプログラムを解くハードルを緩くするために六十床としており、現実には経済的にありえない小規模だと指摘されたが、むしろ災害をテーマとし、新しいモデルを考えるために、こうした思考実験を試みるのは興味深い。実際、高層の病院がパターン化し、決まったところが設計している現状において、そうではない建築家が低層病院にあえて取り組んだことで、これまでにない空間的な可能性が提示された。

公立刈田綜合病院の試み

白石市では、すぐれた建築による街づくりを推進してきたが、その集大成となるのが二〇〇二年にオープンした公立刈田綜合病院である。設計にあたっては、それぞれ同市のプロジェクトに携わった芦原太郎＋北山恒＋堀池秀人の事務所が共同して担当した。いずれの建築家にとっても病院は専門ではなく、はじめての仕事だったが、それゆえに、ここでは既成の枠に縛られることなく新しいタイプの空間を実現している。

通常、ある程度の規模になると病院は高層化し、墓石型のビルになってしまう。しかし刈田綜合病院では、水平に展開する人工地盤を三層に積み重ねることで明快なプランと断面構成を提案した。すなわち一階は外来と中央診療部門、二階は医局や事務などの管理部門、三階は屋上庭園をもつ病棟である。同じフロアでの移動距離はやや長くなるものの、階段やエレベータを使う垂直の動きが減り、全体の構成がすぐに理解できるわかりやすい建築が実現された。たとえば一階では、天井の高い大空間において四つの診療科目に対応する四つの箱型のヴォリュームが並ぶ。

三階のプランは「王」の字型に展開し、病棟を分散しつつ、すべての部屋が中庭に面している。病院建築の起源にある十九世紀におけるナイチンゲール病棟の考え方を参照したという。外気に触れることで自然の採光や換気ができる開放的な病棟は、まるで地上にいるような雰囲気をもち、三階にいることを忘れさせる。一方、テラスからは街の風景が望める。背後に蔵王山が控える高台に病院が建っているからだ。

この建築では、地域の災害拠点病院として最新の免震構造、緊急時の使われ方にも対応できるフレキシビリティを確保するための大架構の空間や外に張りだした庇、負荷を低減させる空調、病院内の配送システム、体感型のリハビリ・ガーデン、原研哉によるサイン、面出薫の照明計画など、さまざまなレベルで興味深い試みを行っている。機械のような精密さをもちながら、人にやさしい空間。やわらかいマシーンとしての建築である。

II 文化

公共施設からの「日常」

繰り返された津波災害

東日本大震災は史上最大の災害といわれるが、日本は過去にも大きな危機を経験した。一九二三年の関東大震災は、三日間東京を燃やし、死者は九万人を超えている。広域という点でも、太平洋戦争の本土空襲では北海道から沖縄まで各地の都市が攻撃された。被災した都市は二百十五、全国市町村数では四百以上、死者五十万人以上、負傷・行方不明者三十六万人、罹災人口は九百八十万人、罹災戸数は二百七十万、罹災面積は六万四五〇〇ヘクタールという報告がある（いまだに正確な数がわからない）。とくに一九四五年三月十日未明の東京空襲では、焼夷弾が下町に投下され、一夜にして八万人が亡くなった。われわれはすでに想像を絶する危機を乗りこえてきた歴史をもつ。ただ、それを忘れている。

もっとも、地震と津波による大災害は過去にもいくどなく繰り返されてきた。おもに一八九六年の明治三陸大津波の悲劇を題材とした記録文学、吉村昭『三陸海岸大津波』（文春文庫、二〇〇四年）

は、約二万二千人の命を奪った惨状をこう記している。夜が明けて避難した人々が高所から降りると、「死体が、至る所にころがっていた。引きちぎられた死体、泥土の中に逆さまに上半身を没し両足を突き出している死体、破壊された家屋の材木や岩石に押しつぶされた死体、そして波打ち際には、腹をさらけ出した大魚の群のように裸身となった死体が一列になって横たわっていた」。

一九三三年の昭和三陸津波は、死亡行方不明が三千余人。明治が六月の夜七時だったのに対し、昭和は厳寒の早朝、三月の午前三時に発生したから、急いで逃げだすための条件はより厳しい。しかし、山下文男の『津波てんでんこ』(新日本出版社、二〇〇八年)によれば、最大の波高は明治が三八・二メートルに対して昭和が二八・七メートル、被災戸数(浸水は除く)は約八千戸に対して六千戸であるが、死者の数が七分の一に激減しているのは、津波の恐怖に関する言い伝えがまだ残っていたことも効いていた。実際、大船渡では、消防の夜警が異常な引き波に気づき、町を走って避難を呼びかけ、前回は百十人だった死者がふたりでおさえられたという。

一九六〇年にはチリ地震による津波が、北海道から沖縄にいたるまでの沿岸部を襲った。全国で住宅三千八百九十一戸が全半壊、三万九千八百六十九戸が流失あるいは浸水し、百四十二人が行方不明になっている。これに関する記述で、伊藤和明『日本の地震災害』(岩波新書、二〇〇五年)を読んで、はっと気づかされた箇所があった。「志津川では、津波が川を遡上して一キロほど内陸に流れこみ、三十七人の死者と全壊・流失家屋千百七十二戸をだしている」。なぜなら、筆者も四月末に被災地をまわったとき、山側の高速道路を使い、志津川から南三陸町に入ったのだが、まったく同様で驚いていたからだ。全然海が見えない山の風景なのに、志津川を伝って水が逆流し、家屋がめちゃくちゃに壊されていたのである。

つまり、われわれは未曾有の事態が起きた、世界は変わったと騒いでいるが、やはり過去にも同じようなところまで水が到達し、町を襲っていた。むろん、近代を迎え、映像と情報機器が充実してからははじめてかもしれない。だが、まったくの想定外ではなく、むしろ大災害を忘却していたことを痛感すべきなのである。筆者とて、東北大学の研究室のゼミ旅行において有名建築を見学するために大船渡、気仙沼、石巻などをまわっていたが、正直いって、そのとき過去に津波があったことを意識していたかといえば、ほとんど気にもとめていなかった。もしそのとき大震災が発生していたとしても、高台に逃げないとまずいという意識をもっていた自信はない。おそらく、助からなかっただろう。しかし3・11の後、いくつかの文献を読んで、あらためてわれわれが過去の災害をいかに忘れていたのかを突きつけられたように思う。東日本大震災を未曾有の事態とみなし、未来を考えるだけでは不十分だ。過去にどのような復興計画がなされたかも、きちんと振り返っておく必要があるだろう。

現代に新しく発生したこと

とはいえ、過去になかった事態も起きてはいる。福島原発の事故はその最たるものだろう。絶対に安全という神話のもとで、いまや日本各地に五十五基も建設された原発が、もっとも恐れられていた地震を引き金として制御不能の状態に陥った。日本の原発は一九六〇年代から稼働しているから、明治三陸沖津波、昭和三陸津波、チリ地震も経験していない。だが、その後に起きた最大級の地震によって問題を引き起こした。しかも、いまなお放射線をまきちらしている以上、周辺に近づくこともできず、警戒区域の町は廃棄された状態のまま復興することもできない。新しいタイプの被害である。すぐに直接的な要因による死者が多数発生しているわけではないが（将来的にはそうなるかもしれないが）、周辺が立ち入り禁止になったり、そのエリアの外も風評被害を受け、イメージのレベルにおいて甚大な損害をもたらした。海外からは日本全体が被曝したように思われ、海外からみれば日本全体がフクシマなのである。

また半世紀前の日本では、あまり多くのクルマは存在していない。六〇年代初頭は全国で五百万台以下の所有数だが、現在は八千万台である。今回、被災地をまわりながら思ったのは、クルマが水に流され、それが建物に激突することで破壊力を高めていることだ。流木などはむかしからあるだろうが、いったんコントロールできなくなったクルマは危険な金属の塊に変化する。とくに多賀城のロードサイドや、多くの新車を保管していた仙台港の周辺では、何台ものクルマが商業施設や展示場のガラスのファサードを突き破って積み重なっていた。これはかつての津波では少なかった建物の壊れ方だろう。

村上處直の『地震と都市』（日経新書、一九七三年）は、こう述べている。「物というものは作る時は、その機能的目的を果たすように作られてしまうが、いったん作られて社会的なものとなると、物の持っているあらゆる属性が人間と関係を持つようになる。すなわちもしも防災という観点から物を理解しようとするならば、物の属性のうち空間の危険性に関係のある属性をすべて把握する必要が出てこよう」。原発もクルマも二十世紀のテクノロジーの産物である。日常ではいずれも便利な現代社会を支えるものだが、いざ非常時になると、思いもよらぬ凶器となってわれわれを襲う。さらに村上は、「災害は非常に想像力があり、われわれの考え及ばないような現象も起こりうる」と指摘している。陸に乗り上げた船とクルマと建物が暴力的に出会う風景は、スキャンダラスな表現をめざすアートの想像力も簡単に凌駕してしまった。

現代ならではという意味では、コンビニも挙げられるだろう。今回、沿岸部の多数のコンビニが被災したが、地元からライフラインとしての再開が強く望まれ、たとえばローソンが重点的に特定の店舗を支援した事例がある。また石巻の郊外では、三月末から大型店舗のイオンが一部の天井が落ちたままの状態で営業を再開し、地元へのサービスを始めていたのが印象的だった。一方、三月下旬に仙台に戻ったとき、街の中心部は想像以上に被害が少ないのに、物流が止まったためにコンビニがほとんど閉店していた風景は忘れがたい。

非常時におけるガラスと畳の和室

東日本大震災の直後、われわれの日常生活を支える重要な生活のインフラ、コンビニがふだんとはまるで異なる様相を呈していた。コンビニの大きな特徴は全面ガラスの透明なファサードだが、仙台市内のほとんどの店舗において、内側からダンボールをはりつけて商品を見えないようにしていたのである。非常時において、透明ではなくなったコンビニ。むろん、当時は物流がまだ復活しておらず、わずかに開店していたコンビニでも限られた食材しか入手できない。が、ふだん見慣れた外観を捨て、あえて異様な姿を路上にさらしてダンボールでふさいでいたのは、やはり防犯が目的である。誰もいない店内をすべて見える状態で放置しておくと、商品が盗まれるのではないかという心理が働いたのだろう。東日本大震災後の報道では、日本では暴動が起きず、世界のメディアから称賛されていたが、気仙沼のある学芸員によれば、実際はガソリンの抜き取りなどモノの略奪が発生していたという。

透明なガラスの空間は、派手な造形や色彩のポストモダンが終焉した一九九〇年代以降、モダニズム回帰とともに顕著になった現代建築の特徴である。だが、震災のときは内部がまる見えになるデザインが嫌がられていた。非常時においてガラス窓は都合が悪い。内部がまる見えになり、商品がどれくらい残っているか、あるいは残っていないのかがすぐにわかってしまう。そしてこれが最大の問題なのだが、いつもいるはずの店員がそこにいないことを教える。外部（客）に対して内部（店舗）を可視化する反転された防犯カメラのようだ。ゆえにコンビニのガラス窓は目貼りされなければならない。二十四時間オープンが当たり前のコンビニがガラスのファサードをもつのは、内部を隠さないことで人を招き入れるためである。平時においては夜間に明るい光を放ち、電燈に集まる虫のごとく客を内部に招く重要なデザインだ。が逆にいったん店員がいなくなると、シャッターで閉じることができない空間はかえって困る。監視の目がないことがすぐにわかってしまうからだ。そこでシャッターの代わりに非常時はありあわせのダンボールを集め、不透明に変えてしまう。

三月末、仙台の平野部をまわっていたとき、槇文彦が設計した名取市文化会館（竣工一九九八年）がどうなっているかが気になって訪れた。海からは五キロ以上離れており、まったく浸水していない。外観を見ると、地震の被害もとくになく（ホームページによると館内は一部損傷したらしい）、すぐ近くのエリアが壊滅的な被害を受けたことが嘘だったかのように、ニュータウンの街並みのなかで美しい姿のままで立っていた。

しかし、内部をのぞくと避難所になっている（四月末もそうだった）。津波で家を失った近隣の被災者たちが入ったのだろう。名取市文化会館は、大きなガラスのファサードをもつアトリウム空間が特徴だが、やはりパーティションやダンボールを並べていた。外からのぞかれるのを拒絶するために。体育館ならば、プライバシーを確保すべく内部の間仕切りが話題になるが、壁が多いために外からの視線を意識する必要がない。名取市文化会館の場合、高い天井までダンボールをはることは実質的に無理だが、被災者は目線の高さまで仮設の壁を構築していた。平時は開放感と明るさをもたらす大きなガラスのファサードも、行き場を失った人が住む場所になってしまうと外からの視線に耐えられなくなる。しかも、その向かいには何事もなかったかのように無傷の新興住宅地が続く。コンビニの防犯目的とは違うが、本来住居としてつくられていない透明な文化施設の窓は非常時に煙たがられる。

左ページ上・名取市文化会館（宮城県名取市増田字柳田）
下・リアスホール（岩手県大船渡市盛町）

もうひとつ、名取市文化会館で印象に残ったのは一階の和室である。建物の裏側に位置するが、気持ちよさそうに談笑するスペースになっていた。一見、現代的なセンスにあふれた文化会館において畳のある和室は似合わない。実際、筆者も各地で文化施設を訪れ、唐突に和室を発見すると、なんともミスマッチな感じを抱き、地元からの要望で仕方なく入ったのではないかと訝しく思うケースもあった。しかし、こうした非常時においてとても重要な場所なのだと考えを改めた。実際、ふだんは土足で使う公共施設における和室は、日本人にとって住宅と同じテクスチャーをもった唯一の空間といえるかもしれない。それゆえ、非常時に文化施設が住まいと化したとき、畳の部屋は重要になる。

新居千秋が設計した大船渡市のリアスホール（大船渡市民文化会館・市民図書館、竣工二〇〇八年）も避難所になっていたが、ここでも和室から談笑の声が聞こえていた。小さな茶室も居住の場として使われている。この建物は重厚なコンクリートの塊であるから、おそらく精神的にも安心感を与えるようなデザインだった。それほど透明な建築ではないが、内部はいまふうにそれぞれの部屋が相互にちらっと見える仕かけの開口も工夫されている。たとえば上部のエントランスホールと下部のギャラリーというふうに。だが、そうした小さなガラス窓は、やはりダンボールなどで目貼りされていた。ほとんどの部屋に被災者が暮らしている場合、間仕切りを不完全化する屋内の小窓は邪魔になってしまう。

現代建築はどうだったのか

とはいえ、リアスホールは基本的に避難所としての性能はよいと思われた。ここはぎりぎり津波が届かない場所で、海水や泥で汚れていなかったこともあり、良好な環境の避難所だった。それだけではない。体育館のような天井の高いシンプルな大空間に被災者が放り込まれるのではなく、リアス式の海岸を着想源とし、襞状に細かく分節された小さな空間を多くもうけていたことから、被災者がそれぞれの居場所をみつけ、うまく活用していたからである。自治体から避難所の指定を受ける前だったが、いきなり東日本大震災が発生し、音楽ホール＋図書館から住まう場所に急遽転用された。建築家にとっても予期せざる使われ方だろう（その後八月に再訪すると、ギャラリーなどにあと数家族だけが残っている状況に復帰していた）。

文化施設が避難所になるということは集合住宅として使うことであり、いわば瞬間的なリノベーションだ。リアスホールは避難所としての性能をあらかじめ想定したデザインではないと思うが、結果的に非常時における空間の包容力ももっていたことが証明された。ぎりぎりの設計ではなくリダンダンシー、すなわち冗長性を抱えた建築であることが重要だろう。被災地で無惨に破壊された街を見ながら無力感をおぼえる一方、建築にはこうした力を発揮できると勇気を与えてくれる事例だった。五月に訪れたとき、長谷川逸子が設計したふれあいエスプ塩竈（竣工一九九八年）も避難所として使われた形跡が残っていた。ちなみにリアスホールの一階のカフェはボランティアの拠点と救援物資の置き場になっており、「津波なんかにゃ　負けないぞ!!」という大きな張り紙をはっていた。二〇一〇年に訪れたときは人がほとんどいない閑散とした状態だったが、3・11直後のリアスホールはむしろ生き生きとした空間になっていたのである。

石巻郊外の石井和紘による宮城県慶長使節船ミュージアム（サン・ファン館、竣工一九九六年）は、復元した木造帆船を展示の中心に据える。それゆえ、直接に海と面する復元船は津波でさらわれ、それを囲む展示施設もほとんどなくなっているのではないかと思っていた。斜行エスカレータが途中でもぎとられた姿を想像していた。ところが3・11以後に再訪すると、係留するためのワイヤーが外れたことで一部損壊していたものの、船はそのまま残っている。ドック棟のガラスはほとんど割れ、内部の説明パネルなど展示物はことごとく失われていたが、構造体はそのまま残っていたことに驚かされた。復元された船サン・ファン・バウティスタも大量の水を浴び、位置は少しズレていたが流失していない。いったんすべてが水没しながら、逆によくこれだけ残ったものだと逆に感動を覚えた。また高台にあるガラス張りの展望棟は、少しだけガラスが破損したものの、一時的に向かいの寺院にいた被災者を受け入れ、避難所として活躍していたのである。3・11は建築の真価も問う大きな出来事だった。ここでは思わぬ建築の力を感じられることができた。

日本設計が手がけた石巻の石ノ森萬画館（竣工二〇〇一年）は北上川の中瀬に位置しており、津波の直撃を受けた。すぐに一階の天井まで浸水し、社員と地域住民の四十人が水の引くまで三階に避難したという（「河北新報」四月二十日）。二〇一〇年にゼミ合宿でここを訪れたとき、巨大なＵＦＯが浮かんだような造形を奇妙だと思っていたが、チリ地震において五メートルの津波が押し寄せた

左ページ上・宮城県慶長使節船ミュージアム
「サン・ファン館」（石巻市渡波字大森）
下・石ノ森萬画館（石巻市中瀬）

ことからこうしたデザインになったという。つまり、一階に受付やグッズ販売のスペースを置き、五・五メートル以上の高さのある二階以上に展示品を収蔵したおかげで、原画九万点、パネル、視聴覚機器は損傷を免れた。ちなみに松本純一郎＋伊藤邦明による雄勝硯伝統産業会館（竣工二〇〇一年）も津波を想定したデザインになっており、収蔵庫や設備機器を五メートル以上持ち上げている。津波が一階のガラスをぶち抜いて流れることは想定されていたのだ。その後、復興のシンボルとして石ノ森萬画館の再生計画が進んでいる。

日常性の回復

震災後に大阪で見学した関西大学高槻ミューズキャンパス（竣工二〇一〇年）は、防災を意識した興味深い複合施設だった。設計を手がけたのは竹中工務店。驚くべきは小学校、中学校、高校、大学、大学院がすべてひとつの建物に入っていること。それだけではない。地域に開かれた児童図書館や安全ミュージアムも一体化している。中学校と高校の併設などはあるが、地元の児童から大学院生までが同じ建物を使う施設はめずらしい。さまざまな年齢層が交流することで相乗効果をもたらす新しいタイプの学校だろう。異なる要素が混在する複雑なプログラムだが、落ちついた茶系統の色彩を施した外観は、長方形のフレームを反復し、統一感のあるクラシックな構えである。また中央に大きくうがたれた空隙のボリュームをもち、都市に対するゲートのようだ。全体として機能だけに縛られない、ゆったりとした空間をもち、階段横のバルコニーや中央の屋外テラスはいろい

八戸ポータルミュージアム「はっち」（青森県八戸市三日町）

ろな活動に使えるだろう。注目すべきは、大学に社会安全学部を設置したように建物自体が高レベルの防災機能を備えていることだ。非常用食料や毛布を入れた備蓄倉庫のほか、災害時にプールの水を再利用するシステムなどを導入し、高槻市の唱える「安全・安心のまちづくり」に応えている。東日本大震災では多くの文化施設が平時とは異なる機能を求められたが、そうした事態も常時から可能なかぎり想定した学校建築といえるだろう。

せんだいメディアテーク（竣工二〇〇〇年）は、設計者の伊東豊雄による開館十周年記念のトークイベントの前日に地震が発生し、七階の天井が落ちたり内部のパーティションが壊れるなどの被害を受け、しばらく閉館していた。一方、二〇一一年二月にオープンしたばかりの八戸ポータルミュージアム「はっち」

は針生承一・アトリエノルド・アトリエタアク設計共同体が手がけたもので、「八戸のせんだいメディアテーク」というべき現代的な空間である。フロアごとに違うタイプのスタジオが展開したり、アーティストのためのレジデンスの部屋もあり、興味深いプログラムの構成をもつ。震災後、十分な耐震強度を持っていた「はっち」はダメージがなく、避難所として活躍した。そして手書きの文字で交通情報を掲示したり、まだ街が停電中のときにも携帯電話の充電器を提供している。せんだいメディアテークは被災し、緊急時に残念ながら市民に開放できなかったが、「はっち」は公共施設の真価を発揮した。

その後せんだいメディアテークは、伊東事務所のスタッフとの相談を経て修復の段取りを決め、五月三日から部分的に再開している。一年をかけて完全復活する道筋が示された。なにも震災に対抗する堂々とした復興計画を示すことだけが建築の役割ではない。こうした文化施設が市民と協力しながら、ふたたび軌道にのっていくことでも建築は社会に貢献できるだろう。日常を回復することで、ささやかながら建築は希望を与えるはずだ。以前、代官山のヒルサイドテラスにおいて槇文彦氏と対談を行ったとき、一九四五年八月十五日に当時高校生だった彼が「明日からゆっくり寝られる」と思ったことを回想し、日常性の豊かさを説いていたことを思いだす。東日本大震災で破壊された街を目の当たりにした後、建築に可能なことを考えると暗澹とした気持ちになる。だが、必ずしもヒロイックで大仰な復興プランでなくてもいい。建築家の役割として、日常の風景をふたたびつくるという当たり前の部分は変わらないだろう。

ところで阪神淡路大震災の後、ディコンストラクティヴィズムの傾いた造形は不謹慎に見えるからもう終わりだとされた。しかし、こうした批判は理論的なものではなく、本質的とはいえない。天皇崩御の後の謹慎ムードと同様、気分的なものである。しかも日本国内でのみ通用するポジション・トークだろう。たとえばオーストラリアのメルボルンでは、その後もディコンは元気だし、昨日まではよくて明日からはだめというふうに、デザインの流行を変える言い訳として震災が積極的に利用されるのは違うのではないか。

むろん、3・11以降に建築界が考えるべきことは多い。だからといって、かしこまって全員が同じ方角を向かなくてもいいだろう。楽しい日常の生活をつくり続けることも重要な役割ではないか。建築関係にもいろいろな職能が存在するのだから、それぞれの得意技を生かして手をさしのべる方法があるだろう。早急に無理をすることはない。できるだけ、ほんの少しでいい。全員が急がなくてもいい。何が必要なのかをいますぐ整理して説明できなくても、半年後、一年後、三年後にできることがあるはずだ。

本に学ぶ、歴史に学ぶ

震災後に本を読むということ

編集者から原稿を依頼され、部屋あるいは研究室の本棚から書籍を手にとって読み、文章を執筆する。少なくとも、これは筆者にとって、この十五年間くらいで完全に日常の生活に組み込まれた作業だった。本に囲まれた世界で文を書くということ。しかし、東日本大震災によって、そうした当たり前のことがいかに脆い前提に立っていたのかを思い知らされることになった。

仙台と東京の両方を拠点に活動している筆者は、半分被災者である。震災時、関東にいてそのまま東京の家に残ったから、身体はまったく大丈夫だった。しかし、基本的に建築関係の重要な書籍を置いていた東北大学の耐震改修済みの校舎が大破したのである。不名誉なことに「日経アーキテクチュア」誌（五月十日号）では、耐震改修をしたのに壊れた先駆的な事例として、この建物は巻頭の記事を飾ることになった。その結果、大量の本を残したまま研究室に立ち入ることができなくなった。

一瞬にして日常生活を営んでいた教室も研究室も失った。四隅の柱が座屈したものの、目の前にまだ建物は存在している。しかし、余震で倒壊の恐れがある校舎に入ってはいけない。福島の原発問題によって家に戻ることが許されなくなった住人のように本をとりだせないのだ。経済的な損失でみれば高価な実験装置ほどでなく数百万円を超えることはないだろうが、渡航先や古書店などで集めたもので、いつでもアマゾンで補充して購入できる本ではないから、筆者にとってはお金にかえられない価値をもつ。四割近くの本を喪失すれば、もの書きとして、あるいは研究者として片腕をもがれたに等しい。三月末にとりだしの作業が時間限定で認められたものの、一度だけの作業で

上・東北大学人間・環境系建築棟の座屈した3階側柱（中央上部）。下・著者の仙台の宿舎

は書籍がほとんど回収できない。その後、公式に許可をとることもできないために、余震が発生しないことを祈りつつ、身の危険を感じながら、みずからのオフィスに「侵入」するというかたちで、かけがえのない本をいくばくか取り戻すことを決行せざるをえなかった。

使われなくなったダストシュートのある仙台の古い宿舎は建物こそ緑判定で無事だったが、複数の本棚が倒れ、安いものでは壊れたものもあった。当然、部屋中に本が散乱し、足の踏み場もない状況になっていた。その後、時間をみつけて少しずつ本棚に戻していたら、四月七日の激しい余震によってふたたび本棚が倒れ、せっかく整理した本もまた床中にばらまかれた。山頂に岩を上げるとまた岩が転がり落ちるというシジフォスの神話を思いだす。その後はバカバカしくなって少しだけ本棚に入れて、しばらくは様子を見ることにした。いまだに全部を元に戻していない。四月七日の余震は、東北の人にとっては、だいぶ片付いたタイミングで、新しく購入した食器がまた破損するなど心をくじくような残酷な追い打ちだった。ちなみに3・11後の仙台ではしばらく物流が滞り、新しい書籍や雑誌も届いていない。たとえば同僚は原発の事故を特集した「AERA」の危機を煽る表紙が問題になった号を読みたかったのだが、書店になく購入できなかったという。

自分の好きな本にとりかこまれ、必要な本を探しだし、読めること。これが平和と日常のうえにはじめて可能になっている状態なのだと、突然の震災で失ったことで今回あらためて強く感じた。むろん、津波で流されたわけではないのでまだマシである。またキャンパス内で仮の居場所を確保するまで、置き場もなかったために、一ヵ月以上にわたり定期的に購入している雑誌やアマゾンで注文した書籍を大学で受け取ることができなかった。震災によってせんだいメディアテークも部分的にダメージを受け、しばらく閉館していたが、そのあいだに一階にあったアート系の書店ナディフが撤退している。仙台では先端的な本や雑誌、あるいは作品集や展覧会のカタログを購入できる貴重な場所が消えてしまった。現在、せんだいメディアテークを訪れ、一階の角の空っぽになった本棚を見ると、あったはずのものがないという喪失感を覚える。震災は人命を奪い、物理的なものを破壊するだけではなく、文化被災というべき現象も確実にもたらす。

つまり筆者は手持ちの本をいまだに自由に探せない状況である。したがって、この本はもうだめで、こういうときにはこの哲学者の言葉に耳を傾けろといった類いの気の利いた文章をとても書けるような気分ではない。いや、いまは限られた本にしかアクセスできないから善し悪しをいえる状況ではないのである。むしろ、できるだけ多くの被災地の現場を歩きながら言葉を考えていきたい。おそらく今回の本は、筆者がこれまで書いたものでも注や参考文献などほとんどレファランスがないものだろう。その理由は現在進行形で起きていることを記述していることも大きいが、なによりも物理的に蔵書にきわめてアクセスしづらい状態が続いているからだ。

忘れられた復興計画の歴史

倒れた本棚から飛びだした本が完全に片付いていないし、激しく床に散乱したまま、いまだに場所がわからなくなった本が多い。それでも研究室に残した本とは違い、宿舎の本は手にとれなくはないので、床を覆いつくす本の山から拾いあげながら、震災関係の書籍は必要になるだろうと思い、選り分けていた。洋書やハードカバーの立派な本は研究室に多く、宿舎の本棚は新書や文庫が中心である。そうしたなかで整理が早くついた新書をいくつかとりあげよう。東日本大震災を受けて、建築、土木、都市計画に何ができるか、という声はほとんど翌日からすぐに出ていた。実際、海や川の近くの津波や浸水による甚大な被害は、建築だけでは対処するのが困難な災害であり、土木や都市計画のレベルで再考すべき事態だろう。

床から拾いあげた一冊から、とくに越澤明の『復興計画』（中公新書、二〇〇五年）を紹介しよう。昨年までは建築系の新書も大学に置いていたので、もしこの本を宿舎に移動していなかったら、いまでも人のいない校舎に残されたままだろう。そうした意味で、本の出会いといえどもやはり偶然が介在しており、震災時にどこにいたかで明暗を分ける人の運命とも似ているかもしれない。

都市計画史では定評のある研究者、越澤明は、同書においてタイトルどおり復興計画に焦点を当てる。十九世紀のパリにおいてオースマンが長刀をふるうような権力的な都市計画が少ない日本において、じつは度重なる災害こそが都市計画の契機だったことがあらためてわかるだろう。とりあげられているのは江戸時代の大火、関東大震災と帝都復興、防空計画、戦災復興事業、阪神淡路大震災後の計画などだ。現在、復旧にしろ復興にしろ、日本人は未来を考えなければならない、ことになっている。しかし越澤による、未来の「復興を考えるためには過去の都市計画の歴史を知ることが必要である」というメッセージはとくに重要だと思われた。

東日本大震災の後、すべてがリセットされたのだから、クリーンエネルギーを活用した世界最先端の防災拠点都市をつくろうといった明るく前向きな提言が経済系のジャーナリストから出されていたが、街はけっして無に帰したわけではない。筆者は被災地を歩き続けているが、壊滅的な被害を受けた陸前高田、南三陸町、大槌町でさえ、やはり街にはさまざまな手がかりが残されている。そして人工的な環境はやられても自然の地形は変わっていない。地震と津波は歴史的にいくども反復している。だからこそ、前回の復興計画では何が提案され、何が実現し、何ができなかったのか、またなしくずしになってしまったことも含め、再度検証する手続きは必要だろう。

関連する書籍としては、西山康雄『「危機管理」の都市計画』（彰国社、二〇〇〇年）は阪神淡路大震災以外に台湾、イギリス、タイ、エジプトの事例も紹介しつつ、復興計画の指針を探っている。また入門書的な日端康雄『都市計画の世界史』（講談社現代新書、二〇〇八年）は、第一にグリッド（格子割り）やバロック的な街路など都市形態のタイポロジー、第二に住宅の配置など都市のプログラム、そして第三に土地、衛生、高さ、ゾーニングなどに関する法律や制度の枠組みをコンパクトに説明しつつ、一六六六年のロンドン大火の後、当時三十四歳の建築家クリストファー・レンが幾何学的なバロック都市計画の復興案を提案したことなどを紹介している。なお、関東大震災の直後から明快な復興の指針を掲げた後藤新平シンドロームというべき大鉈を振るう計画者の再来を期待する声もあるが、今回はあまりにも広域にわたる災害であり、現代社会においてひとりのカリスマ的な指導者を待望し、単純に同じことを要求するのはむずかしい。むろん、大きな構造転換という意味では田中角栄『日本列島改造論』（日刊工業新聞社、一九七二年）が東京中心の開発から地方の時代への転換をうたう壮大な国土計画を掲げたように、二〇一一年は日本が変化していく大きな機会にもなりうるだろう。

もうひとつ、越澤の指摘で印象に残ったのは「災害と復興の記憶は意外と忘れ去られやすい」ということだ。たとえば川越の蔵の町並み、杜の都仙台のケヤキ並木、横浜の海辺の山下公園など観光の価値をもつ独特な風景は、いずれも復興計画によって誕生したものである。なるほど現在、川越の蔵を見て明治の大火を思いだしたり、仙台の定禅寺通りのケヤキ並木を見て戦時の空襲を想起する人はほとんどいない。筆者も知識としては理解しているが、現場を訪れたときに強く感じることはない。東日本大震災の後、鎮魂の森をつくる計画もうたわれているが、十数年もすれば、やがて記憶は薄れていくだろう。半世紀もすればただの美しい緑地になるかもしれない。もちろん忘却することは人間が前に進むうえで重要な能力でもあるが、現在のテクノロジーで津波を止められない以上、必ず繰り返しやってくる。ゆえに、3・11を絶対に忘却しないための空間的な提案も必要ではないか。そのためには、あえて復興しないエリアを残すこともありうると思う。

文化被災ということ

卒業設計日本一決定戦の危機

二〇一一年三月六日、卒業設計日本一決定戦の最終審査が行われた。これは建築家の審査員を迎え、せんだいメディアテークに展示された全国の建築学生による五百三十一の卒業設計から一位を決めるイベントである。今年は芝浦工業大学の学生が日本一に選ばれた。現在、各地で類似の卒計イベントはふえたが、一日で三千五百人を動員する仙台の卒計日本一は最大だろう。理由としては、学校推薦ではなく誰でも出展できること、開かれた公開審査において各審査員が互いの価値観をかけて一位を選ぶこと、そして伊東豊雄が設計したせんだいメディアテークというシンボル的な建物が晴れの舞台になっていることが挙げられる。実際、全国の建築学生にとって、仙台で会おうというのが合言葉だ。また過去の受賞者からすぐれた若手の建築家を輩出しており、新人の登竜門にもなっている。

もともと斬新なデザインの現代建築、せんだいメディアテークが二〇〇一年にオープンしたのを契機に、それにふさわしいイベントとして始まったのが卒計日本一である。そして二〇一一年は同施設の十周年だった。しかし、卒計日本一の展示が終わる前の三月十一日、東日本大震災が発生し、ここもダメージを受ける。建物の構造は大丈夫だったが、天井やガラスが一部壊れ、展示物や図書館の本は散乱した。火災はなかったが、スプリンクラーが誤作動したという。台から落下し、傷ついた模型もある。その瞬間、イベントを運営する仙台建築都市学生会議のメンバーは、展示物を保護するどころではなく、現場から逃げるのが精いっぱいだった。

しばらくせんだいメディアテークは封鎖され、三月中に作品の返送ができない事態を迎えた。その結果、別の卒計展に出品しようとした学生に迷惑をかけることになった。しかし、もし卒業設計日本一決定戦の最中に震災が起きていたら、建築学生が怪我をしたり命を落としていたかもしれない。また二、三日後に発生したとしても、建築見学で気仙沼や大船渡市を訪れ、津波に遭遇した可能性があった。

卒計日本一が始まって以来の最大の危機である。こうした状況に対し、全国の建築学生から熱いエールが寄せられた。ネット上のメッセージのほか三月二十、二十一日に開催された作品講評会、福岡デザインレビューでは応援の寄せ書きが行われた。また東北の関係者は大丈夫なのか、という安否を気遣う問い合わせも多く届いた。すでに補修を行うためのせんだいメディアテークの被害状況は確認され、段階的なオープンを経て一年をかけて全面的に再開する道筋もついた。一時は返却できないのではと思われていた作品も、四月には模型やドローイングを出品者に送りだすことができた。

二〇一二年の春、第十回を迎える卒計日本一がいつもどおりここで開催されることを多くの建築の関係者が願っている。それは被災した仙台の復興を示すひとつの文化的尺度になるだろう。また震災は、内向きのデザインが流行していた学生の作品の動向にどのような影響を与えるのか。若い彼らこそがこれからの日本の復興を担う建築家になっていくはずだ。

傷ついた文化的環境

東日本大震災を身近に経験し、いかに自分が阪神淡路大震災を他人事としていたのかをあらためて思い知った。身体こそ何も傷つくことは何もなかったが、数多くの蔵書や資料を大学に置いたまま、立ち入り禁止になってしまい、研究室も教室も失ったからである。建物は激しく損傷したが、教職員、学生ともに全員が無事であり、もっとも大切な人命が奪われることはなかった。そして少しずつ復旧と復興に向けて、ふたたび全体が動きだすとき、今度は文化と教育もまた被災していたことが徐々にあきらかになってくる。青葉山キャンパスでは六棟が使用禁止の「危険」と判定された。東北大学附属図書館では、約百万冊の図書が落下し、しばらく閉館していた。また震災によって百四の書店が全半壊となり、五十三店が浸水被害を受けている。再起不能となった書店も少なくない（「産経ニュース」四月二十八日）。たとえば前年末にオープンしたばかりのあゆみブックス仙台一番町店は再開の見込みがたっていない。

リアス・アーク美術館（宮城県気仙沼市赤岩牧沢）。後ろ姿は学芸員の山内宏泰氏

津波によって茨城の五浦六角堂が流されたり石巻の古文書が損傷するなど多くの文化財が被災した。こうした事態に対し工学院大学の建築史家、後藤治は、気仙沼の尾形家を再建する活動を行う。明治や昭和の津波にも耐えたのに、今回は一〇〇メートル流されてしまった築二百年の民家である。さいわい震災直後の火事には巻き込まれず、屋根だけがかたちをとどめていた。また行方不明者の捜索のために壊されそうになったときも、自衛隊の理解で屋根が残ったことから再建のプロジェクトが立ち上がったのである。福島県の自称エア建築家、佐藤敏宏も各地からの支援を受けて被災地をまわり、文化財レスキューを行う。

文化施設も激しく被災している。多くのライブハウスや映画館が一時閉鎖に追い込まれた（鈴木直樹「仙台市・石巻文化被災カレンダー」、「S-meme」第二号）。気仙沼のリアス・アーク美術館（石山修武、竣工一九九四年）は津波が届かない場所にあり、クリティカルな構造の被害はなかったものの、ダメージを受けて閉鎖された。そして美術館の機能を失った代わりに救援物資の保管庫（略奪されないようバリケードを構築したという）や代行バスの駐車場として利用される。三月末に現地を訪れたときは、津波で家を失った学芸員の山内宏泰がその内部で暮らし、再開のめどが立たないと語っていた。しかし、かつてここで展覧会を開催した東北地方のアーティストたちが支援する動きも起きているという。博物館は公的財産であるコレクションの保存が重要な使命だが、3・11のときに空調が切れた後、ふたたび電源のスウィッチを入れることが許可されるまで長い時間がかかったらしい。非常時において地方博物館の意義が認められていないことがあらわになったからである。

四月の初頭、東浩紀がtwitterにおいて、「思想地図」による震災と言論のシンポジウムを仙台で開催しようとしたら場所がみつからないとつぶやいていたので、それならば、筆者が探そうと申し出た。ところが東北大学の教室や講堂、仙台の文化施設が軒並み貸し出せなくなっており、候補地がみつかるまでに想像以上に苦労した。通常は簡単に使える施設もしばらくはできないという。実際に震災で少し痛んでいたり、余震が続くなか、まだ人を集めるイベントを開催するリスクを避けたいからである。万が一、地震が起きて怪我人でも出れば非難されるのは必至だろう。震災から一ヵ月を過ぎ、外観上はほぼ回復した状態に見える仙台の中心部だったが、まだその内側では傷が完全には癒えておらず、静かに血を流していたのだ。生活が安定して、ようやく文化の場が成立する。

公演や展覧会ではない。ただ場所を数時間おさえるだけのイベントさえ、すぐに開催できなかった（「S-meme」第二号に掲載の坂口大洋「公共ホールの被災状況が映し出す未来」によれば、宮城県で四十施設以上の公共ホールが三ヵ月以上休館したことで二千以上の公演がなくなったという）。

漂流教室の実践

離散状態の研究室

震災後、研究室は離散状態になった。

損傷した建物は立ち入り禁止になり、教員はしばらく自宅待機。東北大学は四月下旬までの休みが決定した。東北大の図書館も使えないし、再開のめどが立たない。教員と学生が集まる場という当たり前の日常的な風景が、学校にとっていかに重要なのかをあらためて思い知らされた。そうした状況のなか、三月中旬に予定された講演会のついでに訪れた沖縄アミークス・インターナショナルは興味深い空間に感じられた。設計は宇野享＋赤松佳珠子＋小嶋一浩／CAn＋CAtであり、二〇一一年春にオープンした。これはうるま市の具志川野外レクリエーションセンター跡地の小高い丘に立つが、幼・小・中の一貫校をひとつの塊にまとめ大きく見せることを避け、起伏のある地形に沿って低層の白い建物を分散配置していく。エントランスをくぐると、まず修道院を思わせるような六角形の中庭を囲む回廊があり、共同体のための空間が出迎える。そして校舎に入ると、上履きがないために下足場ではなく、メディアセンターと呼ぶ、パソコンのほか上から下まで図書が並ぶラウンジ的な場が広がるのだ。学校とは集まって学ぶという場であることが、最初の空間体験において象徴的に示される。だが、われわれは教育の大きな前提である箱そのものを失った。

東北大学から実家のある学生に帰省勧告が出されたなか、あえて仙台にとどまる学生がいた。非常時にいつものゼミや講義とは違う顔が見える。明るい大学院生の石井勇貴の実家は、被害の大きかった南相馬市だ。原発の近くである。彼はむしろ家族に仙台へ避難に来てほしいと思っていたが、父が東北電力で復旧の仕事に出ているので動けないという。実家はぎりぎりで難を逃れたが、津波によってまわりの家々が消失し、原風景を失った。また彼はどうしてもその写真を撮れないと語った。同じく院生の貝沼泉実も、見慣れた名取が津波で壊された風景を撮影できないという。一緒にいくつかの被災地をまわった加藤拓郎でさえ、実家のある八戸の惨状を目の当たりにしたとき、同じような思いを味わった。それらはパリやフィレンツェのような「美しい景観」ではないかもしれないが、若い世代にとっても喪失感を伴う文化的な風景である。東日本大震災は、そうした日常を奪い去った。彼らはこうした思いを胸にして、これから街をつくっていく。

院生の加藤拓郎は建築家志望で、AKB48ファンという側面もある。内に秘めた情熱をもち、実家をデザインした卒業設計は学内の最優秀だった。八戸の父の会社が津波の被害を受けたが、震災後も「ダメハウス」と呼ぶシェアハウスに残っている。耐震改修をした鉄骨鉄筋コンクリート造の大学の建物が壊れたというのに、築四十一年のおんぼろ木造家屋は損傷がなかった。ここは三日目に電気がつながり、水もガスも使える状態に完全復活する。そこで彼は困った人に来るようtwitterで呼びかけ、ボランティアを行うことを決意した。四日目からダメハウスは他の学生が出入りし、情報拠点になる。彼はＮＰＯ団体と行動し、避難所となった学校に出向く。軽度の被災者が重度の被災者を助けているのだ。試練の時を経験の糧とし、ひとまわり大きくなった学生たちが全員ふたたび集まる日を楽しみに待っていた。

教室がなくなるとき

空気のように、すなわち当たり前に存在していた自明のものがなくなるという経験。それは突如、計画停電が行われたり、水やガスが止まったり、家や橋が流されたりと、さまざまなレベルで発生したが、筆者にとっては職場を失うことを意味する。東北大学の建築棟の四隅の柱が座屈し、赤紙判定になり、教室や研究室に立ち入り禁止になったからだ。つまり大学という箱が存在し、そこに書籍や設計のための環境が用意され、教育は成立しているのだが、その前提がなくなったのである。緊急事態だ。集う場所を喪失し、ゼミや講義を行うこともできない。三月十一日はちょうど二〇一〇年度の公式な教育プログラムがすべて終わった翌日だったので、もっとも影響が少ない時期だった。とはいえ、論文の執筆や就職用のポートフォリオ作成のために研究室はやはり必要であり、学生は個人のパソコンや本を大学に置いたまま、取り出せなくなっていた。こうした危機的な状況に対して、学生のtwitterによる呼びかけを契機に、会社や個人から、製図道具や書籍などを提供し、東北大学に手をさしのべる多くの動きがあらわれた。

被災した東北地方の学生は、公式に各地の大学図書館も使えることになったが、設計に必要なパソコンやプリンターなどはない。そこで春休みの期間は、学生の実家に近い大学に預かってもらうことを考えた。埼玉県が実家の院生には東洋大学の研究室をしばらく使わせてもらい、奈良県に戻っていた博士課程の学生については関西の先生たちと連絡をとり、奈良女子大学のお世話になった。また研究室の学生が各地に散らばっていたので、四月には国士舘大学において東京組のゼミを同大学の南泰裕研と昭和女子大の杉浦(久子)研と行う一方、学生のシェアハウスであるダメハウスを使い、仙台組のゼミを開催した。こうした大学間のネットワークは、五月に講義を再開した後も、製図室が確保できないなど教育環境が不十分であることから継続している。国内外の大学の協力の申し入れによって単位認定を認める疎開プログラムを公式に動かし、五十嵐研の学生は横浜国立大学のYGSAやブリュッセル自由大学に短期留学することになった。常時ではすぐに動かせない単位認定の手続きも速やかに行われる。

研究室がなくなったらどうするか。講義は他学科の教室を使う。だが、仕方なくではなく、逆にこういう非常時だからこそできる漂流教室を積極的に実践しようと考えた。五十嵐研は、大学の食堂、市内の住宅地にある「都市計画の家II」などでゼミを実施し、事務補佐員の実家におけるミニ・ゼミ合宿、提供の申し出があった設計事務所など、さまざまな場所を使い、教育を行うことを企画した。かつてルイス・カーンは、学校がどう始まったかについて、一本の樹の下で物事をよく

左ページ上・活躍した「ダメハウス」(仙台市青葉区川内大工町)
下・「都市計画の家II」(仙台市鷺ヶ森)でのゼミ風景

こがね寿司

知っている人にそれを知りたい人が問いかけた場面を想像したことから、それにふさわしい学校の空間を想像したという。固定した箱がなくても教育は可能か。いや、原点に立ち返り、人さえいれば、そして空間を読みかえれば、どこでもゼミはできる。遠隔地の教育機関を自分たちの場所として使わせてもらうこと。食堂、住宅、オフィスを教室にリノベーションすること。プログラムはいつも与えられるだけではない。使用者の立場から機能を付与することができる。そうした具体的な実践も、非常時においてどう考えるかという一種の建築教育になっていたと思う。

郵便はがき

料金受取人払郵便

本郷支店承認

3967

差出有効期間
平成25年3月
1日まで

113-8790

505

東京都文京区
本郷5丁目32番21号

みすず書房営業部
行

通信欄

ご意見・ご感想などお寄せください．小社ウェブサイトでご紹介させていただく場合がございます．あらかじめご了承ください．

読者カード

・このカードを返送された方には，新刊を案内した「出版ダイジェスト」(年4回 3月・6月・9月・12月刊)をご郵送さしあげます.

お求めいただいた書籍タイトル

ご購入書店は

・ご記入いただいた個人情報は，図書目録や新刊情報の送付など，正当な目的のためにのみ使用いたします.

(ふりがな) お名前 様	〒
ご住所 都・道・府・県 市・区・郡	
電話 ( )	
Eメール	

「みすず書房図書目録」最新版をご希望の方にお送りいたします.

(送付を希望する／希望しない)

★ご希望の方は上の「ご住所」欄も必ず記入してください.

新刊・イベントなどをご案内する「みすず書房ニュースレター」(Eメール配信・月2回)をご希望の方にお送りいたします.

(配信を希望する／希望しない)

★ご希望の方は上の「Eメール」欄も必ず記入してください.

よろしければご関心のジャンルをお知らせください.

(哲学・思想／宗教／心理／社会科学／社会ノンフィクション／教育／歴史／文学／芸術／自然科学／医学)

(ありがとうございました．みすず書房ウェブサイト http://www.msz.co.jp では刊行書の詳細な書誌とともに，新刊，近刊，復刊，イベントなどさまざまなご案内を掲載しています．ご注文・問い合わせにもぜひご利用ください.)

Ⅲ　記憶

震災の記憶をいかに残すのか

被災地にはいまも瓦礫が残っている

ゴールデンウィークがあけると、メディアの報道は避難所生活から仮設住宅の暮らしに移行した。筆者の勤務する東北大も一ヵ月遅れで新学期が始まり、川内のキャンパスがオリエンテーションやサークルの勧誘でにぎわう。ようやく日常が戻りつつある。が、建築棟は被災し、研究室と教室を失い、大学の食堂やカフェ、あるいは芳賀沼整が設計した仙台の「都市計画の家Ⅱ」など代替の場所を使いながらゼミ活動を再開した。それにしても、講義の前後の休み時間に居場所がないというのは困ったことである。また本来は四月中旬だったが、開栓作業に立ち会えなかったために、だいぶ遅れて五月の中旬、仙台の宿舎にようやくガスが戻った。市の中心部は、一部の店舗やホテルが休業している以外はふつうである。六月に入り、菅直人首相の進退をめぐる政争の報道にテレビが大騒ぎしているのを見ながら、震災前の「平和な」日本に戻ったような気分にすらなった。いや、そうやって人々は安心しようとしているのかもしれない。あれから二ヵ月が過ぎ、東日本大震災ではいったい何が起きたのかという現場への関心が急速に失われている。

そもそも政治がだめだから復興が遅れているとよく批判されるが（言いたい気持ちはわかるし、遅れていいわけではないが）、そんな生やさしいものではない。政治家を批判し、以前はこうだったと言って満足しているだけの人は「被災地」をただの記号としてとらえ、地理的な広域さを理解していないのではないかと思う。海沿いの県でも目立つ被害は青森から神奈川までまたがる。実際、現場の多くはいまだに信じられないくらい多くの瓦礫が残っているが、筆者が歩いても歩いても一部のエリアしかカバーできないほど今回の被災面積が広いからだろう。じつは被災地に建っている住宅はさほど地域性が強いわけではなく、ハウスメーカー仕様の日本中どこにでもあるような家が少なくない。土木構築物の堤防で津波をブロックするから、その内部は東京と同じような家を建てられるのだろう。だが自然や地形との関係で発生する建物の壊れ方では、ひとつとして同じ被災地はない。それなのにメディアの言説では「被災地」として一括りになってしまう。

筆者は東日本大震災がもたらした被害の広さと多様さを身体で受けとめようと思い、いまも被災地を歩き続けている。女川町や石巻市を再訪したほか、岩手県の釜石、大槌町、宮古、田老町、宮城県の東松島、福島県の南相馬市などを訪れた。

同じく海に面し、隣接する東松島が激しい被害を受けたにもかかわらず、松島は被害が少ない。まだ仙台のホテルが復活していない三月末でも、水や食材が制限されていたとはいえ、すでに観光用の宿を押さえることができた（実際に使っていたのは、場違いな、ほとんど報道関係者のようだったが）。

実際に松島湾のマリンピアから西の浜貝塚あたりまでの海辺を歩き、破壊された商店のシャッターを数軒見かけたくらいで、ダメージがびっくりするほど少ないことを確認したが、地盤の陥没は随所で起きている。そして観光名所の瑞巌寺と五大堂は、ほとんど建物の損傷がない。湾の形状が津波の周期とあわなかった、また島々が津波をブロックしたといわれている。松島のある店舗の窓に、以下のようなメッセージが掲げられていた。「奇跡の町　松島へようこそ　私達は松島の島々に守られました　だから今度は私達が松島を守ります　出来る限りがんばります」

岩手県では何が起きていたか

五月に訪れた岩手県の沿岸部は高速の鉄道のアクセスがなく、クルマで向かったが、高速道路もない。つまり、時間がかかることで実際の距離以上に遠く感じられるのだが、あらためてここが日本の交通基盤から取り残された地域だとよくわかる。

釜石は同じく漁港をもつ気仙沼の被災風景と似ていた。驚かされたのは、切断された巨大なエヌエスオカムラ工場である。通常、湾岸の工場は強い建築になっているために外観上はあまり損傷がなく、むしろその背後の住宅地が手ひどく壊れているケースが多かったが、ここでは四〇〇メートル以上の長さがある工場から、約一五〇メートルの部分が津波でばっさりともぎとられていた。注意深く観察すると工場の手前にあった強固な穀物倉庫、釜石グレーンセンターが波をブロックした部分が残っており、直撃を受けた部分が消えている。地震では大地との関係性がほとんどの決定要

左ページ上・宮城県宮城郡松島町、瑞巌寺わきの食事処
下・岩手県釜石市港町、エヌエスオカムラの工場

跡の町　松島へ　ようこそ
私達は松島の　島々に守られまし
だから　今度は私達が　松島を守ります
出来る限り　がんばります

因になるが、津波の場合、まわりにどのような環境があるかが大きな影響を与えるのだ。そして魚市場の周辺は手ひどくやられ、住宅の近くには巨大なアジア・シンフォニー号が乗り上げたままだ。

もっとも被害が大きい釜石の鵜住居(うのすまい)は津波が川を逆流し、海が見えないエリアなのに、一部のRC造以外はことごとく視界から消えている。ただし、ジャーナリストの吉野源太郎によれば、釜石東小学校や鵜住居小学校の生徒は、放課後で家に帰っていた数人をのぞき、ほぼ全員が助かった。「年長の中学生らがまだ幼い小学生の手を引き、外から逃げてきた幼稚園児を抱えて高台をめざした。津波の異常さを感じ取った子どもたちは、与えられていたハザードマップにとらわれず、自分たちの判断で指定された避難場所よりさらに高い場所にたどりつき、難を逃れたという」(「Foresight」二〇一一年五月二十四日)。堤防ではなく、逃げるという人の判断が重要だったのである。

町長と多くの職員が亡くなった大槌町は、むごたらしい焼け跡になった街のなかを、たまたまのタイミングなのかもしれないが自衛隊の特殊車両が忙しく走りまわっていたこともあり、まるで戦場のような風景だった。役場、小学校、駅、商店など数々の建物が流されてはいないが、原形をとどめながら焼け焦げになっているのは痛ましい。筆者がまわったなかでも女川町や陸前高田に匹敵するひどい街の破壊が起きている。そして堤防の土木破壊のほか、大槌川を渡る山田線は上部のレールが消滅、大きなコンクリートの塊である橋梁と橋脚があちこちに転がっていた。赤浜地区はコンクリートの要塞に守られ、文字どおりのゲーテッド・コミュニティだったが、浸水によって住宅地が壊滅している。ここは二階建ての民宿の屋根の上に観光船「はまゆり」が乗り上げたことで知

左ページ上・釜石港の岸壁に乗り上げたアジア・シンフォニー号(4724トン)。下・岩手県上閉伊郡大槌町。JR山田線の橋梁や橋脚が転がっている

ASIA SYMPHONY

られるエリアだ。これは防災の専門家から「津波防災でもっとも問題となる記憶風化を防げる」として保存の声があがっていたが、倒壊のおそれがあるとして解体が決まった。なるほどバランスはよくないから、残すとしても補強の必要があるだろう。むろん「残さなくていい。あればまた津波を思い出す」という市民の声もあるという（「岩手日報」五月十一日）。筆者が訪れたときは、はまゆりがもう下に降ろされ、ちょうど解体中だった。

宮古も、海に面する部分はほとんど防波堤に囲まれていた。けっして防備を怠っていたわけではない。そして防波堤のすぐ内側に住宅地がある。ここからは大きなコンクリートの壁が見える日常生活だったはずだ。土木が完全ブロックするという前提ゆえ、特別に頑強な住宅ではなく、日本のどこにでもあるようなふつうの家が多い。だが、3・11の津波は防波堤を乗りこえて街に侵入し、建築破壊が生じた。最前線の住宅はコンクリートの基礎しか残っていない。その背後に並ぶ住宅は、一階の壁が抜けるなど部分的に壊れている。たとえば藤原地区では、防波堤から遠くなるに従い破壊の度合が減っていく段階的な様子を確認した。

山田町は津波の後に火災が発生し、焼け焦げの廃墟になっていた。ここも防波堤のために海があまり見えない街なのだが、津波によってところどころ崩れ、流されている。焼けただれた陸中山田駅のまわりを歩いていると、ロータリーで二台のタクシーが定位置で並んでいた。山田線の鉄道は破壊され、列車が来ることはない。もはや誰も駅をおりないのに、忠犬ハチ公ではないが慣習としてタクシーが待っているのか。それとも代行バスがここに止まるのか。訝しく思ったが、壊れた駅

左ページ上・岩手県宮古市。防波堤（手前）内側の住宅地
下・岩手県下閉伊郡山田町、JR陸中山田駅

前でタクシーが乗客を待つ姿はシュールな風景だろう。ちょうど山田町を訪れたとき、避難所からカラオケ大会の大音量が聞こえてきた。焦土と化した漁業の街と底抜けに明るい歌声。視覚と聴覚のギャップを感じながら、山田町を後にした。

破壊されたスーパー堤防の街

基本的に岩手県の海辺の街をいくつかまわると、大きな堤防をつくり、街のあちこちに津波の警告や避難路の掲示が目に入る。そうしたサインは宮城県よりも多く、過去の被害が大きかったせいか、津波への防災意識はけっしてなかったわけではない。過去の被害にもとづく津波浸水想定区域の標識もしばしば目に入る。おそらく常時ではまさかこんなところまで水が駆け上がってくるとは想像しにくいのだが、3・11後に道路を走ると、けっこう当たっているのだ。宮城県や福島県に比べて明らかに防災の意識は高い。にもかかわらず、これだけの被害がもたらされたことに建築や土木に対する無力感を覚えた。それでもここに住むとしたら、もはやハードだけに頼り切って安心してしまうのではなく、人の力、すなわち徹底して逃げることが重要なのだろう。

万里の長城とも呼ばれ、海面から一〇メートルを超えるスーパー堤防で有名なのが、田老地区である。北上して街に近づくと、河川沿いの田老野球場はすでにまるごと広大な瓦礫置き場と化しており、住宅の基礎だけが残った街の風景が続く。内寄りと海岸沿いに防潮堤が連続しており、二重の防御は世界に例がないという。上辺の幅約三メートル、総延長二・四キロという日本一の壮大な

左ページ上・宮古市田老地区内陸部の防潮堤。中央正面の建物は田老町漁業協同組合。下・同みなと公園前、破壊された漁港外周の防波堤（104‐105ページも）

土木構築物は昭和三陸沖津波の後、一九三四年から整備を開始し、半世紀近くかけて建設された。チリ津波もはねのけている。なお、海側にはさらに漁港を守る防波堤が存在しており、合計すると三重の壁で防護されているのだ。しかし今回の津波はそれらもたやすく突破し、壊滅的な被害をもたらす。いや、堤防を乗りこえてしまったら、逆に街はまったく無防備な姿をさらしている。巨大な土木インフラがあることで、住宅は津波を意識する必要がなく、ふつうにつくられていたのだろう。筆者が訪れたとき、一部のコンクリート造の建物や、外壁を失い、金庫の部屋だけが剝き出しで残った事例もあった。ここに住む漁師は「津波は堤防の倍くらい高かった」と証言し、「防潮堤は心のよりどころだった。「防潮堤」があるからと逃げ遅れた人も多かったのではないか。堤をもっと高くしないと、これでは暮らしていけない」と述べている（「朝日新聞」三月二十日）。

こうしたエピソードは諫山創の人気漫画『進撃の巨人』（講談社、二〇一〇年―）を思いだす。人を補食する巨人の来襲によって人類が存続の危機に陥ったものの、五〇メートルを超える強固な三重の壁に囲まれた要塞都市で生きのびる物語である。最後の悲劇から百年間の平和を保っていたあいだ、維持にお金がかかる軍隊は要らないのではと議論され、当初筆者は冷戦下の日本と自衛隊のアレゴリーとして読んでいたが、東日本大震災の発生は漫画の意味を変えてしまった。『進撃の巨人』では突如五〇メートルを超える超大型巨人が出現し、壁が崩され、多数の巨人が市街地に侵入する。漫画は現在進行中だが、おそらくもうこれ以上高い壁をつくって防御を強化するという展開にはならないだろう。

内側の防潮堤はほぼ原形をとどめていたが、海辺のみなと公園では防波堤が激しく崩れ、巨大なコンクリートの塊が散乱していた。こうした機能を喪失したモノのランダムな配置はアートワークのようにも見える。だが、田老地区の堤防の破片はスケール感が違う。誰もいない廃墟のなかで海鳥だけが集う風景はどこか終末を描くサイエンス・フィクションを想起させる。人が住まなくなって半世紀以上を経た世界。それは筆者が実際に見たことがあるローマの都市遺跡でもなく、アイルランドの廃棄された教会でもなく、タイのアユタヤの廃墟でもなく、むしろ『新世紀エヴァンゲリオン』における第三新東京市が壊滅した後の二十四話あたりの風景に近い。いずれにしろ田老地区では自然に対抗して人間ががんばったぶんだけ、もっとも壮絶な土木破壊が起きていた。

3・11の記憶を残す試みについて

五月二十三日、岩手県の津波防災技術専門委員会は、各市町村の復興計画の叩き台とすべく状況別に三パターンの復興まちづくりを提示した。A＝市街地全滅（陸前高田や大槌町など）では、根本から再生し、ほとんどを高台に移転し、防潮林や盛り土道路で多重防災を図るが、臨海に残る漁業施設のために避難タワーを設ける。B＝海側市街地の被災（大船渡市など）は、残存する市街地を再建しつつも住宅は高台やビルの上部に移す。そしてC＝集落被災（田野畑村など）は、高台への集団移転とアプローチ道路の整備である。

基本は高台への移転である。平地が少ないのは岩手県の被災地の特徴だが、すでにいろいろなとところで議論された内容を整理したものといえよう。移転によって空っぽになった場所はメモリアル公園になる。また東日本大震災復興構想会議の議長代理をつとめる安藤忠雄は、行方不明者が埋もれているかもしれない瓦礫の山に土をのせて町をつくるわけにはいかないと述べて鎮魂の森を提唱した。とはいえ、そこが美しい自然公園として整備されると、やがて将来の人々は津波の記憶を忘れるだろう。たとえば横浜の山下公園が関東大震災の瓦礫を埋め立ててつくられたことはもはや空間の体験からは感じられない。いまや歴史の知識としてはじめて理解できる過去の出来事だろう。どんな復興計画をたてるにせよ、震災と津波の記憶がどのように残るのかは重要なテーマである。一度きりではない。これまでもそうだったように、将来も同じ災害が必ず反復して起きるからだ。

　四月の宮城県議会において、大震災対策調査特別委員長をつとめる相沢光哉議員は「震災の爪痕をあえて残す発想があっていい」と述べ、広島の原爆ドームのように沿岸の被災現場を現状のまま残し、メモリアルパークとして後世に語り継ぐ構想を提案した（「河北新報」四月二十二日）。彼は大型の漁船が陸地に残る気仙沼市の鹿折（ししおり）地区などを例にあげ、早くしないと瓦礫と一緒に消えてしまうと語っている。ただし、仙台の荒浜のように四階建ての小学校だけが残り、まわりの木造家屋が壊滅した平野は、たとえ瓦礫を片付けなくても、十年もすると何が起きたのかほとんどわからなくなるだろう。石や煉瓦造の建物が壊れながらもモノとして半永久的に残る西洋的な廃墟と比べると、日本的な廃墟というべき木材の建築は朽ちていく。

　二〇一〇年に開催された平城遷都千三百年祭の会場もローマの遺跡とは違い、礎石だけが残り、

仙台市宮城野区蒲生。門や塀を残した住宅街

広大な空地を眺めながら過去の姿を想像する独特の体験だった。逆に朱雀門と第一次大極殿正殿はパヴィリオンとして復原されている。ヨーロッパでは壊れた建築が部分的に残るのに対し、日本では礎石だけか、完全に新築するかのどちらかになってしまう。もっとも、仙台の蒲生では木造ではない門や塀だけが残り、基壇も高いために、上屋がほとんどなくなっても、かつての街並みを想像することができ、どこかポンペイの遺跡を思わせるような光景である(偶然だが、震災時の仙台市博物館では、ポンペイ展が開催されていた)。

南三陸町では、壁がすべて剥がれ、鉄骨のフレームだけの無惨な姿になった三階建ての防災対策庁舎を震災の象徴として残すことを計画していた。佐藤仁町長は「私個人としては、この大震災を後世に残し、心に残す方法だと考えている」という(「朝日新聞」五月二十八日)。ここは最後まで防災無線で町民に避難を呼びかけ、みずからも津波の犠牲になった職員がいたことや、屋上に逃れた職員も津波にさらわれ、三十名以上が死亡・行方不明となり、鉄塔や手すりにつかまった十人しか助からなかったエピソードで知られる。そうした意味でも、これは震災の後もモノとして残った数少ない被災建物のひとつというだけではない。津波の壮絶さをイメージさせる物語性をもつ。もともと南三陸町には過去の津波の高さを示す標識は存在していたが、壊れた庁舎は後世に津波の高さを具体的に伝えるだろう(こうして保存が検討されていたが、庁舎の前を通るとつらいことや、見世物になってしまうことから遺族や行方不明者の家族が反対し、結局、解体されることになった。町長は、「将来への教訓とするため、県外からは残したほうがいいとの指摘が多かったが、今後も町に住み続ける遺族らの思いを尊重し、解体の方向で進めていきたい」と述べている——「毎日新聞」九月二十日)。ちなみに磯崎新は、骨組みだけが残った防災庁舎に戦後の風景を重ね合わせ、日本の近代を象徴するものとみなし、保存すべきと論じていた。

石巻市の雄勝(おがつ)町では、観光バスが屋上に乗り上げたままの公民館を防災モニュメントとして保存することが宮城大の観光学の三橋勇教授と地元住民のあいだで語られている。また石山修武は、代表作のリアス・アーク美術館を手がけ長く街づくりに取り組む気仙沼においてメモリアルの空間を提案していた。一方、東京工業大学の塚本由晴研究室は、痕跡の保存ではなく、姫路城やポンラペッキオなどの世界遺産をコラージュした防災復興計画を描く。なぜうちの街はこうなっているの?と子どもが大人に聞くことで、日常の空間がそのまま記憶装置になることをめざしたものである。

左ページ・南三陸町役場防災対策庁舎(宮城県本吉郡)

イタリアと中国における震災の痕跡

震災の記憶を残した近年における海外の事例を紹介しよう。

イタリアのシチリア西部には一九六八年の大地震に襲われた街を放棄し、全体をアートワークに変えたケースがある。小高い丘にあるジベリーナは九〇パーセントの家屋が崩壊し、四百人以上の市民が犠牲になった。ルドヴィコ・コッラオ市長の強いリーダーシップのもと新しい土地に集団移転を行う一方、彫刻家のアルベルト・ブッリを招き、廃墟となった場所にかつて街が存在した証拠となる作品の制作を依頼したのである。その結果、街区をなぞって一二ヘクタール（三〇〇メートル×四〇〇メートル）のエリアを白いセメントで固める巨大なランド・アートの作品「クレット」が誕生した。むかしの家屋の柱や玄関などの具体的な痕跡はない。セメントは地表から一・六メートル立ち上がっており、かつての道路は低いままになっているので、そこを歩けば失われた街の大きさや空間のスケール感はわかるだろう。クレットとは亀裂を意味するが、もともとブッリはひび割れた地表のような抽象的な作品「黒い亀裂（クレット・ネッロ）」を発表しており、それを拡大したものともいえる。

遠景、あるいは空撮で「クレット」を見ると、緑の大地に白いヴォリュームがはめ込まれ、合成写真のように見える。しかし、これは実際に存在する風景だ。むろん、イタリアではポンペイやエルコラーノ、あるいはオスティア・アンティカなど古代の街がそのまま遺跡として残っているし、ローマでは現代都市と過去の廃墟が明るく共存している。過去の建物が堆積しない日本とは空間と時間の感覚が違う。ブッリによる壮大なプロジェクトは、われわれが思うほどハードルが高い行為ではないのかもしれない。実際、「クレット」に比べると、噴火でやられたポンペイが千年以上も後に発掘され、現代もその遺跡を歩くことができるほうが奇跡的な出来事だろう。

震災後、ジベリーナの市民はしばらくバラック生活を送っていたが、以前より便利な立地にある新ジベリーナに移住して生活の基盤が整いはじめると、過去の記憶のための証拠がほしくなったという。そこで多くのアーティストを呼んだのだが、市長は「私たちは地震で伝統的な町を失ったのです。芸術は、いまなお人々にエネルギーを与えてくれると思います。このエネルギーとは自由とファンタジーのことです。これらは町を再建する上で必要な要素であると考えたのです」と語っている（「SD」一九九四年十月号）。実際、人口五千人程度の小さな町だが、新ジベリーナには演劇の舞台装置にもなる彫刻作品が散りばめられた。また旧ジベリーナの壊れた古建築、パラッツォの一部を移築して、新ジベリーナに建設した美術館の外壁に組み込んでいる。かくしてジベリーナの市民は、震災で生まれたニュータウンに歴史性を導入した。

八万人の死者を出したとされる二〇〇八年五月の四川大地震は記憶に新しいが、ここでは廃墟が意図的にそのまま残された。北川県城の壊滅した古い街並み、震源地である汶川県映秀鎮の倒壊した中学校、工業都市である綿竹市漢旺の工場（とくに倒れた時計台が重要なシンボルになった）、そして成都市の自然保護地域における地盤の破壊など四つのエリアである。すなわち、テーマパークのごとくそれぞれに異なるタイプの廃墟を選び、復興しないことを決定しているのだ。驚くべきスピードだが、震災二ヵ月後の七月にはこれらの四つの遺跡を選択し、いずれも集団移住を行い、瓦礫を残したまま傾いた建物を支柱で補強するなどしてすでに観光地として開放され、多くの来場者を集めているという。ある意味では、日本ではまねしづらい中央集権的な実行力である。また一九七六年の唐山地震でも二十四万人以上の犠牲者を出したが、唐山市では倒壊した建物などが地震遺跡として保存され、マヤ・リンのヴェトナム戦争戦没者慰霊碑（一九八六年）を巨大化したようなメモリアル・ランドスケープがつくられた。

女川町の廃墟を忘れない

I章では簡単に記したが、四月一日に女川町を訪れたとき、ここは部分的にでも廃墟を残すべきではないかと直感的に思った。あまりにも凄まじい建築破壊が起きていたからである。その後も多くの被災地をまわったが、やはり女川町がもっとも驚くべき風景だったことに変わりはない。当時、立ち入り禁止のエリアが残っていたために全体を見ることはできなかったが、それでも鉄筋コンクリート造の四階建てのビルは杭が折れて漂流、低層横長のヴォリュームで踏ん張りがききそうな鉄筋コンクリートの二階建てのビルも横転、鉄骨の四階建てのビルも一四メートルほど位置がズレて倒れるなど複数の事例を確認した。水の力だけでコンクリートの壁が貫通した事例も複数認められたが、構造設計の長岡造形大教授の江尻憲泰は「自然災害でコンクリートがこんな壊れ方をするのをはじめて見た。一平方メートル当たり数十トンの力が加わらなければ、こんな壊れ方はしない」

左ページ・女川町（宮城県牡鹿郡）、基礎ごと持ち上げられ14メートル移動した4階建て鉄骨造の江島共済会館ビル（上）と津波が貫通して壁に穴が開いた平屋建てRC造の倉庫（下）

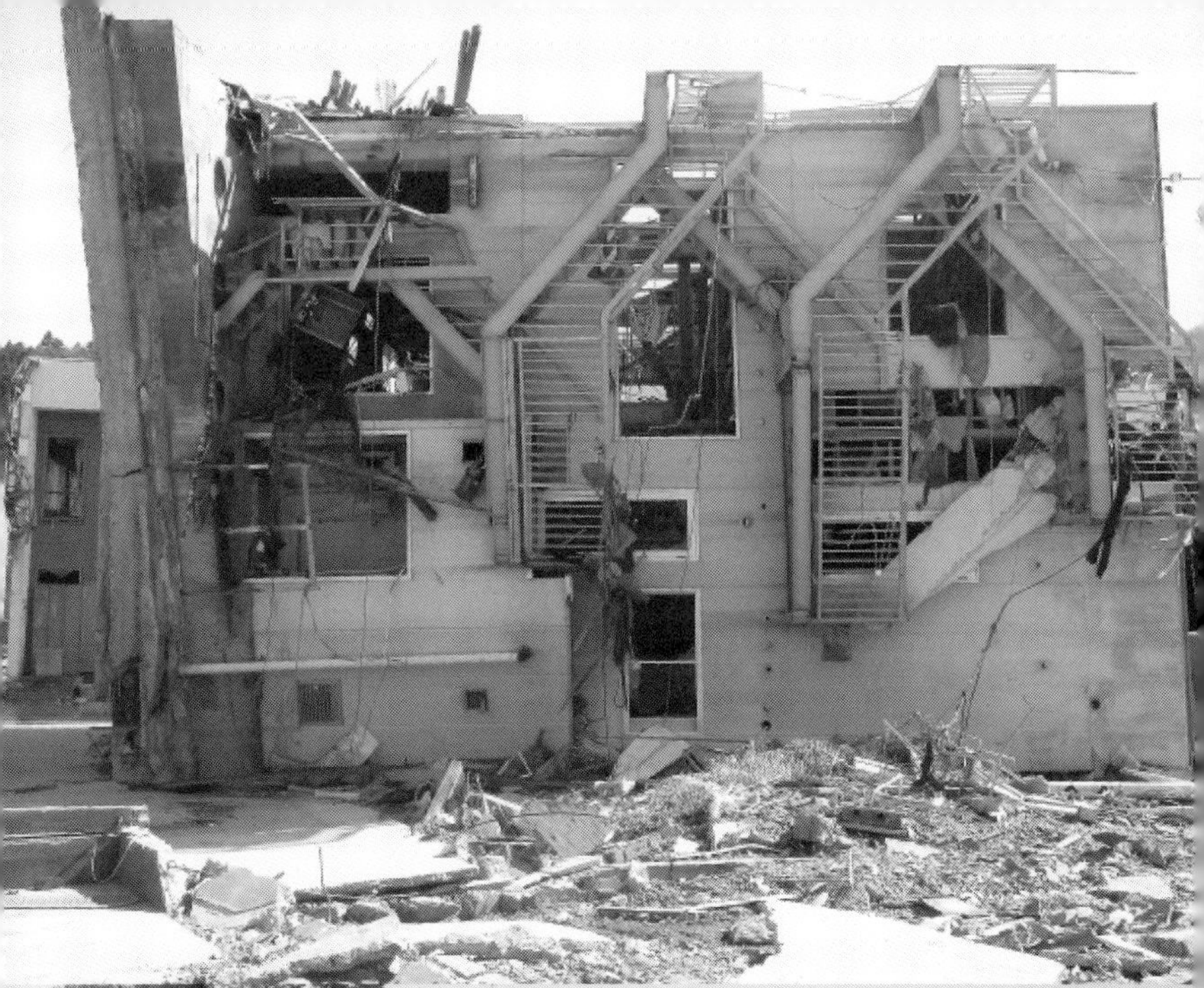

という(「日経アーキテクチュア」四月二十五日号)。

おそらく東日本大震災では、メディアを通じて、木造家屋は津波で流されてしまうが鉄筋コンクリートの建物なら大丈夫というイメージが広がっている。だが、条件が整えばビルでさえ横転してしまう。女川町は筆者にとって生涯忘れることができない廃墟の風景になった。ここで起きた出来事を多くの人が知り、見てもらうために語り続けなければいけないと思う。国際的な災害救援を行う建築の組織、アーキテクチャー・フォー・ヒューマニティのメンバーが東北地方の被災地を視察したとき、海が美しいことに加え、世界でさまざまな現場を訪れたが女川町のような事例を目撃したことがないと述べている。どこにでもある廃墟ではない。そうした意味でも、津波の恐ろしさを知るために横倒しになったビルは残されてもいいのではないか。傾いているわけではなく、すでに横転しているので複雑な補強もあまり要らないだろう。そして跡形もなくなった木造家屋の住宅地とは違い、モノとして長く残ることが可能である。

五月二十二日の「河北新報」において、ようやく女川町の異常事態が報道されている。津波工学の首藤伸夫によれば、鉄筋コンクリートの建物が津波で倒壊した事例は過去に一九四六年にアリューシャン列島の灯台が三〇メートルの高さの津波で流された一例しかないという。越村俊一の調査では商業ビル、冷凍工場、交番など二―四階建てのRC造のビル五棟と四階建てのビル一棟、すなわち計六棟の流失転倒が確認されている。そしてリアス式海岸の湾奥に津波のエネルギーが集中し、押し波や引き波の横方向の圧力に加え縦方向の浮力が倒壊につながったこと、また地盤の液状化によって基礎が支持力を失った可能性などが指摘された（加えて郡司嘉宣によれば、引き波の際に岸壁付近で五、六メートルの高さから海水が落ちる滝壺のような現象も起こり、被害が拡大したという——「毎日新聞」九月二十五日）。筆者も五月中旬に女川町に研究室で出かけ、現地の調査を行った。前回に入ることができなかったエリアを踏破し、高台の墓場に乗り上げた電車の車両など全体の破壊状況を記録したが、一ヵ月半のあいだに片付けも進行している。たとえば五〇メートル移動した四階建てのビルは道路にはみ出していたせいか邪魔になる部分は除去され、プロポーションが変わり、手前に四十五度傾いた状態の横長のビルが完全になくなっていた。廃墟の記憶も消えようとしている。

原発の街づくりと東日本大震災

女川町は明治十八年（一八八五）にイギリスの艦隊が港湾としての価値を発見し、小さな漁村を近代的な港に整備し、鉄道も敷いたことから発展が始まった。明治七年の人口は三千百九十一人だったが、その後一九六五年の一万八千人を頂点に、一九八五年の一万五千、二〇一〇年の一万人と急速に減少している。原発の交付金が入るからなのか、あえて合併せず人口減のカモフラージュをしていないとはいえ、近隣の自治体と比較しても圧倒的な速度だ。近代の津波被害は人口が上昇していたときに発生し、多くの人命が失われても、すぐに街の規模がもとに回復していたが、東日本大震災は日本の人口が減りはじめた時代に起きている。すなわち、社会背景が決定的に違う。

『女川町誌』（一九六〇年）によれば、一九三三年の昭和三陸津波では死者一名、床上浸水二百六

冠水した状態のマリンパル女川（女川町鷲神浜字鷲神）

十二戸、全壊家屋三戸であり、意外に被害は少ない。災害記念事業では災害記念館と町内の数ヵ所に記念碑を設置したくらいだ。また一九六〇年のチリ地震津波では死者がゼロ、床上浸水九百四十三戸、家屋の全壊百四十七戸、流失五十九戸である。なるほど、歩いても過去の津波の痕跡がみつけられないのもうなずけよう。だが東日本大震災では女川町の人口の九・七パーセントにあたる九百七十五名が死亡・行方不明になった（とすれば今回大丈夫だった場所も将来危険かもしれない）。数のうえでは石巻市の三千九百二十七人（三・四パーセント）、東松島市の千百四十五人（二・七パーセント）よりも少ないが、比率では圧倒的に多い（九月現在）。過疎が進む女川町ゆえに震災がなくとも人口は確実に減っていただろうが、一気に加速したといえる。

歩いて気づくのは、現在は地盤沈下により定期的に水浸しになる厳島神社のようになった海辺のマリンパル女川をはじめとして、町の規模のわりには立派な建物が多いことだ。六〇年代から推進した原発の誘致に成功し、それによって大金が地元に落ち、ポストモダンのデザインによる文化施設や国体まで開催した「日本一の」総合運動場が建設されたからである。電源三法交付金によって一号機はスポーツ施設（一九八〇年から一九八九年まで約二十二億円）、二号機は環境衛生施設（一九八九年から一九九六年まで約四十一億円）をもたらした。たとえば勤労青少年センターの事業費約二億二千六百万円は一〇〇パーセント交付金が財源であり、総合体育館約七億九千六百万円の内訳は交付金約六億四千七百万円、国庫補助金約一億三千九百万円、県補助金一千万円、町費零円だ。にもかかわらず、人口の減少は止まらない。また、それよりも早いスピードで漁業・水産・養殖業など第一次産業の就業者が減っている（一九七五年から一九九五年で半分以下に）。もともと農耕地は極端に少ない。だが、原発マネーによる箱モノのおかげでサービス業がふえ、建設業が成長している。

女川町の財政をみると、歳入合計は一九八〇年の約四十八億円から一九九六年の約百二億円に倍増しているが、これを引き上げているのは原発マネーが入る地方税の項目だけであり、一九八〇年の約六億六千三百万円が一九九六年に約六十一億七千百万円になっている。なんと十倍だ。逆に地方交付税は約十一億円から約四千六百万円に激減している。つまり人口が減少を続けても、原発が存在するかぎり安定した収入を確保できるのだ。町長は高度な福祉を維持するためにも原発の存在が大きいと語る（『「女川原発」地域とともに』東洋経済新聞社、一九九九年）。福島とは違い、ここでは原発はむしろ地元住民の避難所になった。実際、まだ閉鎖していた女川原子力PRセンターで話をうかがうと、震災後にクルマを使えなくなった近隣集落の被災者が数時間歩いて集まったという。

五月、女川町は震災で緊急停止した原発の運転再開を容認する考えを発表した。また復興方針案として、住宅地を総合公園周辺など高台の二ヵ所に移転集約し、臨港地区は公園・緑地帯の背後に水産加工ゾーンと商業・観光ゾーンを設ける計画を発表した。内容は岩手県のものとそう変わらない。が、やはり公聴会では、慣れ親しんだ土地を離れることや漁村の集約に対して地元の住民の反対の声もあがっている（「河北新報」五月二十三日）。女川町がどのような未来像を選択するにせよ世界的にも稀な被害、すなわち横倒しになって流失したビルのいくつかは、想像を絶する津波の脅威を伝えるために後世に残すべきではないかと思う。そして木造家屋と違い、コンクリートだからこそ長く残ることが可能だ。

ところで、グーグルストリートビューをのぞくと3・11前の女川町の日常風景を体験できる。コンピュータの画面のなかでは時間が止まっている。以前、グーグルストリートビューをめぐってサイエンス・カフェを開催したとき、筆者は参加者と都市の風景を記録する媒体になる可能性について議論したが、まさか本当にそうなる日をすぐに迎えるとは思ってもいなかった。しかし、廃墟となった女川町の姿は、瓦礫の撤去とともにいま永遠に失われようとしている。そして記憶が完全になくなるとき、町はもうひとつの死を迎える。

奇跡の一本松

人類は自然を征服することで建築や都市をつくりあげてきたが、東日本大震災の津波は、こうした人工的な風景をことごとく洗い流してしまった。地震の後、被災地をまわったが、街や住宅、鉄道や港は壊滅的に壊されたけれど、ある意味で地形や自然そのものはほとんど変わっていない、いや、むしろ逆戻りしているというべきか。そもそもリアス式の海岸は、長い時間をかけて水の浸食を受けながら生成されたものである。一方、歴史の浅い人工的な風景は脆くも壊れた。たとえ内陸であっても、液状化の被害はかつて沼だった場所に集中している。3・11の後、自分の家が過去にどのような場所だったかを確かめるべく古地図を求める人がふえたというが、水は地形の記憶をもっており、むかしの風景に戻ろうとしているかのようだ。

津波の被害を受けた仙台郊外の平野には、田畑のなかにイグネ（居久根）と呼ばれる人工林が点在している。これは厳しい季節風から家屋を守るために植えたものだ。イグネは、東北大学の学生が自然と建築の共生モデルとして、ときどき修士設計のテーマにとりあげている。津波は名取や亘

理などの平野を襲ったが、現地を訪れると、家屋は壊れてもイグネは残っているような場所にいくども遭遇した。コンクリートの電柱が電線に引っぱられて倒れたり、寸断されている。ときには鉄骨の建物でさえねじ曲げられていた。しかし大量の水は木々をすり抜け、大地に根をはった林は依然として存在している。自然の脅威の前に建物の脆さを痛感する一方、植物がもっている強い生命力に驚かされた。

石巻の郊外をクルマで移動していたときも、同じような風景を目撃した。海沿いを眺めると、防風林がずっと続いていたのだが、ほとんど残っている。だが、その手前にあるコンビニや住宅街は津波でやられていた。つまり、ここでも林をすり抜けて、津波は建物を壊したのである。もちろん、防風林は海からの風を防ぐもので、津波をブロックするために植えられたものではない。また流されたクルマや船が建物に激突し、人工物は人工物にとっての凶器に変貌していた。変わらぬ防風林と壊滅した街並み。不思議な風景だった。

とはいえ、いつも植物が残っていたわけではない。筆者がまわったなかでももっとも悲惨な廃墟になっていた陸前高田では、有名な松林が消滅していた。正確にいうと、ここは被災してからはじめて訪れた場所だったので、かつて海辺にそうした風景があったことに気づかないほど、なくなっていたのである。後から知ったのだが、高田松原は江戸時代の十七世紀にさかのぼる潮風を防ぐための植林で、二キロにわたって続く景勝地だ。陸前高田では恐るべき引き波により、建物を含めてほとんどモノが流されている。しかしながら一本だけ松が残った。ゼロであれば完敗である。しか

前ページ・陸前高田市（岩手県）。川原川水門（右端）と高田松原に残る「一本松」（左手）

し、たった一本の存在が失われた風景の手がかりになった。これは奇跡の一本松と呼ばれ、復興のシンボルとして手厚く保護する動きが起きている。ほとんどの防潮林は失われた。が、たった一本残ったことで、逆に人々に希望を与える存在になったのである。

地元歴史家がつむぐ津波の物語

二〇一〇年にスタートした、東北大学と仙台市が連携するせんだいスクール・オブ・デザインにおいて筆者はスタジオを担当し、「S-meme」という雑誌を創刊した。地方発の批評誌である。東日本大震災の影響によって二〇一一年度は開講が遅れ、プログラムも大幅に変更になったものの、なんとか再起動し、「S-memem」二号の特集テーマを「文化被災」とした。多くの人が亡くなったり、建物が破壊されたことはメディアが報じているが、文化の状況も被災したのではないか、という切り口である。

メイン・コンテンツは、今後のサブカルチャーのゆくえについて語る東浩紀へのインタビューのほか、いずれも津波で家を失った歴史家二名のレクチャーだ。やはり、地元からは当事者ゆえの気迫に満ちたメッセージが発せられたのが印象に残っている（それぞれ東北大学片平キャンパスにて七月十六日、青葉山キャンパスにて七月二十日に実施された）。気仙沼のリアス・アーク美術館の山内宏泰と、仙台の郷土史家、飯沼勇義である。ふたりのレクチャーに共通していたのは、津波災害の記憶がどのように継承されるかだった。

飯沼氏は3・11が起きる十年以上も前から『仙台平野の歴史津波』（宝文堂、一九九五年）の著作で、三陸地方だけではなく仙台の平野部も巨大津波の危険があると警鐘をならし、避難ビルの建設や堤防の強化など当時の宮城県知事や仙台市長に防災対策の陳情書を提出している。興味深いのは、彼は歴史の空白が津波に襲われた後だったと推測し、さまざまな津波伝説を検証していることだ。そして津波浸水の最終到達地点に伝説が多く残る一方、その手前の通過地域には少ないこと、また物語が丘や高台とよく関係しているという。つまり、生存者がいたと考えられる場所からエピソードが生まれ、伝説化していく。なるほど津波に飲まれ、亡くなった人からは直接体験が語られることはない。ところで震災後の著作『3・11　その日を忘れない。——歴史上の大津波、未来への道しるべ』（鳥影社、二〇一一年）以降は、日本の神話を脱構築し、津波と関係して、西からではなく東から日本が始まったというユニークな歴史解釈を披露している。今回の震災が歴史の大きな転換点となるならば、それを古代にも読み込もうとしているのだ。

山内氏は、二〇〇六年にリアス・アーク美術館で民俗画報に描かれた絵などを用い、明治三陸大津波の展覧会を企画したが、当時あまり注目されなかったという。二万七千人以上の死者をただの抽象的な数字で伝えてもわかりにくいので、同数の顔の表情をもつ紙人形を制作・展示していた。それだけに、今回の津波被害を人一倍悔しく感じているはずだ。また二〇〇八年には、山内ヒロヤスの名義で明治の津波を描いた小説『砂の城』（近代文芸社）も刊行している。現在、彼はミュージアムの使命として気仙沼の被害を調査し、その惨状を記録しているが、さらに未来の子供たちのために絵本や物語として後世に語り継ぐことの必要性を唱える。もっとも、助かった人のお話ではない。彼によれば、津波伝説は結局、生き残ったものたちの幸運な物語であり、それを読む人はどこかで自分も大丈夫だろうと油断してしまう。ゆえに、亡くなった人たちによる悔しさに満ちた物語が求められる。もちろん、それはどうしてもフィクションになるだろう。が、無念にも命を奪われた死者たちの声に耳を澄まし、強度のある物語をつくることが必要ではないか。そのとき、アートの力がまさに求められるという。

聖なるものとしての原子力発電所

なぜデザインがひどいのか

福島原発の事故の報道を見るたびに、憂鬱になることがある。なんで日本の原子力発電所は、こんなにカッコが悪いデザインなのだろう。原発賛成とか原発反対のイデオロギーを抜きにして、まず思うのは、問題を起こしたアメリカのスリーマイル島やフランスの地方にたつ巨大な円筒をすぼめたような原発には造形としての強度があるということだ（デザインがよければ賛成という意味ではない）。直方体の福島原発はそのプロポーションもみっともないが、あろうことかいちばん外側の建屋の表面には、青と白の二色によって能天気な青空ふうのペイントがなされている。日本で景観に配慮した土木デザインを行うと、しばしばこういうものが出現するのだが、毎日テレビや新聞のニュースでそれが無惨に破壊された映像を見せられると、うんざりしてしまう。

実際、同じことを感じている論者はいて、内田樹はノートルダム聖堂の壁にドラえもんを描いたようだと評しているし、中沢新一は「原発建屋に「でんこちゃん」とか「ひこにゃん」とかの絵が描いてなかったのが、せめてもの救いでした」と述べている（『大津波と原発』朝日新聞出版、二〇一一年）。なるほど、航空機のボディにポケモンがペイントされることをよしとするような国だから、ありえない話ではない（ポケモンがビルに突入する姿を想像せよ）。

内田は、フランスの原発のデザインはやはり神殿ではないかと指摘し、中沢によればインドの原発はシヴァ神のリンガの形をしているという。二十世紀の巨匠、建築家のフィリップ・ジョンソンはイスラエルに原子炉を設計しているが、これは明らかに宗教空間を彷彿させるものだった。おそらく施設の種類を教えてもらわなければ、多くの人は荒野にたつエジプトの神殿を連想するだろう。原子力の関連でいえば、水に浮かぶ白井晟一の原爆堂計画（一九五四年）も完全なシンメトリーのデザインになっており、超越的なモニュメントを志向していた。こうしたデザインは、人智を超えたあらぶるエネルギーを生みだす場所への畏れも表現しているのかもしれない。一方、ほのぼのとした表情の福島原発は、そのすさまじい威力を忘れ、キャラ化して手なづけようとする意識を反映しているのだろう。事故の報道をめぐっても、マスメディアは安全か安全ではないのかというデジタルな二項対立でしか東電や政府に質問せず、わかることで安心しようとしていた。しかし、彼らもすべてを隠していたわけではなく、本当にわからない事態が進行していたのではないかと思う。が、わからないということを知るのがいちばん恐ろしい。それゆえ、「意図的に」真実が隠蔽されたと批判するのだろう。

東京に原発を

三月の後半、原発事故をどう解決させるかをめぐる報道を聞きながら、およそ二十年前、筆者がまだ建築家になりたいと考えていたころに手がけた卒業設計「豊洲六丁目」を思いだした。東京湾に廃棄物の貯蔵庫と一体化した原発の人工島をつくり、最後はコンクリートで固めて永久的な石棺にするというものである。きっかけは単純な反原発だった。一九八〇年代後半はチェルノブイリの事故もあって原発の問題は注目されていたし、広瀬隆の『東京に原発を!』(集英社、一九八六年)からも影響を受け、その内容を参考にしている。

当時は反原発の運動が盛り上がっていた。だが、日本がバブル経済に突入し、むしろ地球にやさしいエネルギーということで政治的な争点になることもなく、いつのまにか原発の脅威は忘れ去られた。筆者も考えることをやめてしまったひとりである。何も関係なかったとして他人事のように東電や政府の批判をする前に、このことはみずからもずっと背負っていかなければいけないと思う。今回はインターネットなどを活用し、新しい反原発の運動が起きているが、一時の流行で終わらないことを望む。すでにわれわれは一度、こうした熱い動きを忘れてしまった過去をもっている。

『東京に原発を!』に関して、広瀬隆は研究者ではないし、科学的なディテールが怪しかったり、陰謀史観的な部分もないわけではない。だが一〇〇パーセント安全ならば近場のほうがエネルギーの効率もいいし、排熱の利用もできるし、東京に原発を建てるべきだという反語的なメッセージはシンプルにして強烈である。新宿の高層ビル群と原発をコラージュした表紙も、大きなインパクトをもつ。そして広瀬はその後も批判をやめることなく、ずっと原発の危険性について警鐘を鳴らしていた。もっとも、今回の事件がなければ『東京に原発を!』はトンデモ本的な扱いがなされていたかもしれない。だが二〇一一年以降、これを再読すると、地震とともに大事故が起きるという本書は予言的な性格をもってしまった。日本で起きていることはトンデモな事態である。それゆえ、本書がトンデモ本ではなくなった。四半世紀後の出来事が過去の本の意味を変えたのである。

ヤノベケンジと時間の感覚

五月、国際交流基金の座談会で宮台真司氏と津田大介氏と同席したとき、控え室で彼らが互いの放射線測定器を見せっこして情報交換していたことに驚かされたが、ほとんど現実がSFの世界に突入している。われわれは複数の未来の可能性をもっていたはずだが、この道を選んでしまった。もし3・11の出来事が後世の世界史において積極的な意味をもつとすれば、これを契機にエネルギー政策が大きく転換するという未来をもたらすことによってのみ可能ではないかと思う。ともあれガイガーカウンターを持ち歩き、放射線量を測定するなどヤノベケンジがアートとして実践してきたことは、いまや日常的な風景になってしまった。彼は筆者と世代が近いのだが、アトムスーツを着用し、チェルノブイリ周辺の廃墟を歩くなど原子力と放射能をめぐる一連の作品を発表してきたことも同時代の感覚としてよくわかる。

原発を考えるというのは、その影響が長期におよぶことから、大きな時間軸を設定することにほかならない。そもそも未来を想像するのは近代特有の行為なのかもしれない。進歩という概念が大きく関わっているからである。はたして中世や近世において未来を想像しただろうか。都市とはすぐに変わらぬものであり、だからこそ、ときには完成を見届けることがないとわかっても、数百年におよぶ大聖堂の建設に従事することができたのだろう。古代エジプトでも、変化が少ない社会ゆえに永遠性を象徴するピラミッドを生みだした。二十世紀は未来へ向けて一直線に時間が進むことを信じるようになった時代である。たとえば未来派は、都市はつねに更新を続けるべきだと語った。しかし二十世紀の後半から、あるいは大阪万博以降、そうした未来の概念は失効する。環境を意識することにより無限の進歩が疑問視され、地球の有限性が想像されるようになったからだろう。そして過去と未来が交錯する時間概念が浮上した。

ところで愛知万博を契機に構想されたヤノベケンジのプロジェクトも、錯乱した時間の感覚を共有する。万博の会場に運ぶために太古の冷凍マンモスを掘り起こす代わりに、工業廃材を用いたロボットマンモスを氷原に埋めて一万年後の世界に送りとどけるというものだ。これは、マンモスとロボットという子供が好きなモノを合体させながら、玩具メーカーの商業主義とは異なり、きわめて文明批評的な意味をもつ。排ガスを出すなど二十世紀の工業化のネガティブな側面を象徴するのがロボットマンモスだ。はたして一万年後、ロボットマンモスを発掘する人類は存在しうるのか？　マンモスの運命と同じく、人間は絶滅しないだろうか？　それとも人類以外の何ものかがこれを発見するのか？　そう思いをはせるとき、なんとしてもわれわれはサバイバルすべきだというメッセージをマンモス・プロジェクトから感じるだろう。

筆者がこの作品にシンパシーを感じるのは、卒業設計において自分も同じようなことを考えたからだ。東京湾に高レベル廃棄物の貯蔵庫と一体化した原子力発電所を構想し、絶対にどかせないモニュメントに変えてしまう。これは御茶ノ水で優秀卒計作品展に展示された後、人づてに噂を聞いた記者が取材に訪れ、「東京湾に自己完結型原発を」「巨大消費社会に警鐘」という見出しの記事として「毎日新聞」（一九九〇年六月十五日）に掲載されたり、テレビ局からも問い合わせが来たが、いまにして思えば、やはり当時は社会の関心が高かったのだろう。また社会との関係から建築を考えるその後の筆者の批評活動も、ここから始まったのかもしれない。

永遠の宗教施設

最初は単純な反原発の気持ちから始まった。しかし東京大学の駒場寮での同居人が原子力工学科だったことから、ヒアリングやリサーチを行い、原発の内部を見学するなかで、むしろ原子力のテクノロジーがもつ未知の可能性をどう建築的に（と同時にアイロニカルに）翻訳したらよいか、という方向にシフトしていく。また卒業論文でフランス十八世紀の建築史を研究したことも連動させ、当時発見された「崇高性」の概念と結びつけることを意識するようになった。巨大な球体建築を構想したブレーのニュートン記念堂に通じるようなメガロマニアックな感覚は、現代の暴力的なテクノスケープと重ねあわせられると直感的に考えたからである。
施設のプログラムとしては、日本にはなかった高レベル廃棄物の再処理工場を併設し、エネルギーを再利用するだけではなく、人工島の地下深く一キロまで掘って高レベル廃棄物の貯蔵庫をつくることも提案した。また原発は三十年くらい稼働させると廃炉になると設定し、その後はコンクリートやアスファルトで固める処分の方法を選ぶ。つまり、ここは地下に廃棄物の貯蔵庫が存在するために、将来の東京にふたたびバブル経済が起き、どんな開発ブームが起きようとも、石棺と化した原発を撤去することができない。高レベル廃棄物は半永久的に影響が残るというネガティブな条件を利用し、絶対にどかせないモニュメントが誕生する。二十世紀の建築で千年後も存在するものはまずない。

日本では筆者が「見えない震災」（同題書籍、みすず書房、二〇〇六年、所収）で論じたように、急速なスクラップ・アンド・ビルドのために住宅は三十年で建て替えられるし、ほとんどの公共施設も百年後に残るものは稀だろう。はたして現代建築が五千年以上残るようなことが可能なのだろうか。そこで原子力のテクノロジーを利用することでのみで可能ではないか、という逆説を提示したプロジェクトである。しかも放射線の影響により、人間は容易に近づくことができない。それは一種の聖域になるだろう。われわれが五千年前のピラミッドを目撃するように、一万年後も残りうる二十世紀の建築が成立するとしたら、これしかないと考えたのだ。もちろん、その前に人類が消えてしまっては確認しようがないのだが。

数千年後、少しずつ朽ちた石棺は廃墟になり、何かの理由で人類の記憶もいったん途絶えるかもしれない。かつてそこが原発だったとわかっているあいだは、なぜ近づいてはいけないかについて合理的に説明ができる。だが、原発の跡地であり、高レベル廃棄物が埋蔵されていることを忘れてしまったらどうなるのか。おそらく理由がわからなくても、近づくと身体の調子が悪くなったり、畸形が生まれるといった事象を通じて、やはり禁忌の場所になるだろう。そのとき、人工島の周辺は本当の意味でサンクチュアリと化す。個人的にはアルノルト・ベックリンの絵画「死の島」（一八八三年）のイメージからも着想を得ている。ともあれ、エネルギーの生産工場である原子力発電所がその対極というべき宗教的な存在になるというのが、筆者の卒業設計だった。当時、筆者は原子力発電所を見学したが、幾重もの扉を抜けて厳重に管理された空間に入る経験はきわめて儀式的だったと記憶している。ちなみに一九九五年の地下鉄サリン事件の後、これとは異なるかたちで工場と宗教空間の交差が注目されている。いうまでもなくオウム真理教のサティアンだ。

原子力発電所のデザインは、バベルの塔の原型とされるジグラット、ストーンヘンジ、古代エジプトのパイロン（塔門）、『二〇〇一年宇宙の旅』（監督スタンリー・キューブリック、一九六八年）に登場するモノリス、海に浮かぶ厳島神社など宗教的な構築物をポストモダン的に引用している。核戦争で人類が滅亡した後の世界を描く『続・猿の惑星』（監督テッド・ポスト、一九七〇年）では、究極的なコバルト爆弾を祭壇に安置し神と崇める集団が登場したが、ポストカタストロフの世界を描く大友克洋の『ＡＫＩＲＡ』（講談社、一九八四―九三年）や宮崎駿の『風の谷のナウシカ』（徳間書店、一九八三―九五年）、逆進化論的なたまの歌「さよなら人類」（一九九〇年）なども含めて、こうしたサブカルチャーの世紀末的な感覚を共有している。

終わりなき非日常

筆者の場合、全力を尽くして卒計に取り組んでわかったのは、デザインよりも、どうやら物語をつくるほうが人よりも巧いことだった。その結果、自分の得意だとわかったことを生かすべく、設計の道に進むことをやめて文章で勝負する歴史・批評の分野に向かった。反面教師としての卒計といえよう。ところで、『卒業設計で考えたこと、そしていま』（彰国社、二〇〇五年）を企画したことがきっかけで、建築史家であり建築家としても活躍する藤森照信とともに、南洋堂における建築家の卒計展に出品する機会を得た。彼の卒計が十八世紀フランスの幻視の建築家ルドゥーを意識したように、筆者も同時代の建築家ルクーに捧げるプロジェクトだった。ともに千年単位の時間感覚が投入されていたのも印象深い。やはり歴史系の人は似たようなことを考えるものだと思う。

3・11の後、突然注目を浴びることになったフィンランドにおける放射性廃棄物処理のドキュメンタリー映画『100000年後の安全』（監督マイケル・マドセン、二〇〇九年）を観て、筆者の卒計と近い問題設定に共感した。調べてみると、この映画監督も世代が近い。結局、十万年という時間のスケールは、不安定な人間の管理に頼らない自己完結型の地下処理がベストだと指摘している。だが、もし未来人がそれを発掘しようとすると、宗教的なものに見えるという。この映画は、たとえ文明と情報が途切れても、どうしたら危険だから発掘するなと伝達できるかを思考する未来人へのコミュニケーション論でもある。たとえば多言語や普遍的な記号による警告のメッセージ、そして恐怖をイメージさせるヴィジュアル。だが禁止を意図したつもりのデザインさえも好奇心の塊である人間にとっては逆説的に魅惑となってしまうジレンマが悩ましい。

二〇一〇年の春、京都の卒計イベントで筆者が卒計の話をしたとき、ある学生がしたり顔で二十一世紀は情報化や郊外化こそが重要な課題であり、原発という大きな物語はもはや時代遅れの古くさいテーマだと批判した。むろん、八〇年代のノストラダムス的な世紀末感覚やチェルノブイリ事故の影響が大きいことはわかっている。当時はまだ冷戦構造の緊張した世界観も完全には払拭されていなかった。一方、大きな物語を喪失したとされる時代に生きる学生も、そのまま時代の感覚に従い、過去の卒業設計を批判している。

しかし二〇一一年に原発事故が発生し、この作品は予言的なものとなり、新しい意味を獲得してしまった。そのことを素直に喜ぶこともできない。本当に原発がアクチュアルなテーマになるくらいなら、時代遅れのテーマのままでよかったと思う。その学生に影響を与えていた情報化や郊外化を語っていた論客も、3・11以降、原発の言説を展開している。いまやメディアが原発の石棺化を語り、フクシマにいつ解除されるかわからない立ち入り禁止のエリアが発生している。ハルマゲドンが来ないという「終わりなき日常」の戯れの世界は終焉した。

いつも放射線におびえる新しい「終わりなき非日常」が始まった。

Ⅳ　構築

仮設住宅地に塔をたてる

日本の海岸をスキャンする

テレビをつけると、レポーターや芸能人が東日本大震災の被災地を訪れ、現場を「理解」して全能ぶりを発揮し、いまの政治はだめだと吐き捨てるように語るシーンが繰り返されるようになった。政治の批判と悪口さえ言っていればすっきりするという体質は、3・11以前からすでにそうだったが、結局3・11以降も変わらずというか、むしろ増幅している。こうしたメディアで華々しくとりあげられるのは、宮城県や岩手県の被災地だろう。なるほど陸前高田や石巻市は、津波によって多くの建物や住宅が流され、壊滅的な被害を受けたことがわかりやすい。いわば絵になる被災地だ。だが、いうまでもなく津波に襲われた地域はここだけではない。福島の南相馬市やいわき市を歩くタレントが少ないのは、おそらく原発事故による放射線の影響を懸念しているからだろう。またほとんど報道されていないが、青森県や茨城県なども津波によって被災している。

六月九日、午前に東北大学の設計教育委員会に出席した後、仙台駅から新幹線に乗って八戸駅で降りる。そして八戸線に乗り換えたが、鮫駅までしか通じておらず、その先は代替バスが運行していた。目的は八戸港だったので、そこから築港街、新湊、新井田川の付近までを歩いた。ここでも船が陸に乗り上げていたが、もう片付いている。また住宅地も海辺と十分に離れている、あるいは近くても高台にのっているために被害は少ない。これまで見たあまりに悲惨で、ほとんど片付いていない被災地と「比較」すると、かなり復旧している。一部の倉庫や道路が壊れている、土を盛るなどの応急工事を施していることを除くとほぼ日常に回復した風景から、津波に襲われたことに気づかない人もいるかもしれない。もっとも、湾岸のランドスケープを注意深く観察すると、ねじ曲がったフェンスや、本来緑色であるはずの樹木や植栽に赤茶けているものが認められる。たしかに海水がここまで到達したとわかる痕跡だ。陸前高田の高田松原において唯一残った奇跡の一本松も海水によって枯れかかっているというが、他の被災地でも赤茶けて変色した植物の存在は浸水域を示すサインになっている。

今回、各地の港をまわりながら、期せずして飾り気のない漁港施設のモダニズムのカッコよさに気づかされた。有名な建築家が設計したものではない。だが釜石、宮古、小名浜、そして八戸の魚市場などはじつにすがすがしい近代建築なのである。もっとも、海辺に位置するだけに、これらは最初に襲われる建築であり、付近の地盤崩壊も激しい。八戸の魚市場では、津波が壁をぶち抜いた痕跡が痛々しく残っていた。むろん、港の工業施設も「工場萌え」の対象になりうるものが多い。建築家の作品を目当てに東北をまわっていたときは見落としていた湾岸のランドスケープだ。

福島県いわき市久ノ浜町。JR常磐線久ノ浜駅より海側の住宅地

六月十五日、今度は常磐線に乗って、上野から北に向かい、いわき、小名浜、日立、河原子（かわらご）町などをまわった。電車で行ける北限だったのが福島の久ノ浜駅である。小さな駅を降りて海へと歩く。すぐに風景は一変した。壊れた蔵、焼けた家屋、そして津波に洗われた海沿いの住宅地。ここにもあまり知られていない被災地があった。いったい、どれだけの数の小さな町が傷ついたのだろう。海辺に防潮堤を築いていたにもかかわらず、コンクリートは削りとられ、海水の侵入を食い止めることはできなかった。小名浜は県道十五号線から海に向かって歩くと、津波にやられた建物が少しずつふえていく。もっとも、このエリアは八戸と同様、住宅地は海から離れている。むしろ、相対的には地震の被害のほうが目立つ。

日立駅の隣、常陸多賀駅からタクシーで十分ほどの場所にある小さな河原子港。六月にはもう穏やかな風景になっていたが、注意深く見ていくと被害の跡が残っている。住宅地は背後の高台にあるために無事だったが、海に面して並ぶ旅館は一階が破壊されており、いまだ休業状態だった。また堤防の一部も寸断されている。破損した箇所に応急処置が施されていた。筆者の知るかぎり河原子町の報道はなかったように思うが、それだけ東日本大震災が広域かつひどいものだったから霞んでしまうのだろう。つまり、世間から忘れられた被災地である。

数ヵ所の被災地を見てすべてをわかった気にならないよう、宮城と岩手の沿岸部を中心に、北は青森、南は千葉までをまわった。結局、時間をみつけては訪れたために、震災から三ヵ月を費やしている。地理的なまとまりがある阪神淡路大震災や関東大震災に比べて、東日本大震災がおよぼした影響は複数の県にまたがり、およそ五〇〇キロにおよび、南北方向に圧倒的に長い。身体で日本列島をスキャンするような作業に、あらためて被害の広域さを思い知らされる。

3・11の見えない境界線

六月二日、仙台からクルマで南相馬市に向かった。亘理町、山元町の被災地を越えて福島へ。小高い丘をあいだに挟みながら、津波で平らにならされた風景が断続的に出現する様子は、岩手のリアス式海岸とも仙台の平野部とも違う。もっとも、津波の被害を確かめるべく、できるだけ海沿いを走ったが、途中、橋が落ちているほか道路が陥没したり、破壊され、迂回せざるをえない場所にもいくどか遭遇した。おそらく横から水でもちあげる外力を想定していないアスファルトは、いとも簡単に道路から剝がれてしまう。他の被災地と同様、めくれて、ちぎれた黒い面がぐにゃりと曲がって、あちこちに散らかっていた。新地駅の周辺では鉄道のレールがまるごと流されている。やはり上からの厳しい荷重に耐える設計はしていても、横からの力は想定外なのだろう。

ところで、研究室に所属する大学院生から南相馬市の実家のすぐ近くの住宅までもが流されたと聞いて、原町区を訪れた。たしかに視界をさえぎる人工物がほとんど残っていない。見渡すかぎり、水平の風景が広がっている。その学生によれば、どうでもいいと思っていた凡庸な家並みだったが、いざそれらがほとんど喪失すると、あれが自分の故郷のアイデンティティだったと気づいたという。立派なランドマークではない。凸凹とした、景観論者が好まない美しくはないニッポンの姿である。しかし、かつての風景を知らない他所ものにとっては、本当の意味においてこの感覚を共有することはむずかしい。重ねあわせるべき過去の姿をリアルに体験していないからだ。ともあれ、簡単に切れない電線の引っ張りによって電柱が曲がったり、寸断された事例はめずらしくないが、大きな鉄塔が折れている被害を、ここではじめて目撃した。想像を絶する力が働いたのだろう。そして海岸にあったはずの消波ブロックが農地に大量に散乱していた。

南相馬市では国道六号線に沿って原発事故による立ち入り禁止区域に近づいた。内陸で地震と津波の被害を免れ、建物が壊れているわけではないのに、だんだんと人影がなくなる。ほとんどの店舗も営業していない（ボーダーぎりぎりで営業するコンビニも存在していたが）。ゴーストタウンと化し

左ページ・福島県南相馬市原町区。
折れ曲がった鉄塔（上）と消波ブロック（下）

南相馬市原町区。この先は福島第１原発から20キロ内の避難指示圏

た街。自衛隊や電力会社など、ときおり関係車両だけが走る風景に変わっていく。そして「災害対策基本法により立入禁止」の看板が路上に立ち、マスクをつけた福岡県警（応援部隊？）が出迎える。指示に従い、逆戻りしつつも、ほかの道路もどうなっているかを確かめた。するとほかの小さな道では、「通行止め」の表示とバリケードはあっても、必ずしも人がいるわけではない。歩いたり、自転車やバイクであれば、その先に行けるだろう。現地で目撃したシュールな風景は、同じ道路の隣り合わせの家なのに、片方は禁止区域の内側で、もう一方は外側になっている場所が存在していたこと。たとえぎりぎりセーフでも、ここに暮らすのはシンドイだろう。逆にいえば、ぎりぎりアウトの家屋の住人は、なぜ入ってはいけないのかと思うにちがいない。

見えない境界線が引かれている。たとえば仙台平野の盛り土になった東部道路を隔て、津波被害の度合が劇的に切り替わるのとは違う。外見上はいずれも損傷を受けていない建物なのに、政治的に決定されたラインが機械的に場所を切り分けていく。実際の汚染濃度の分布と正確に対応するわけではない、原子力発電所から二〇キロ圏内というエリアが指定されているからだ。むろん、ここから宮城県といった県境、すなわち行政区域も恣意的な線引きではある。だが、それはただの概念上のサインとなっており、実際の出入りは自由だ。人の行き来が制限されるという意味で、南相馬市の見えない壁としての境界線は国境に近いといえるかもしれない。たとえば荒野に引かれた直線や朝鮮半島を分断する三十八度線。一方、津波の被害区域は微地形と呼応しながら、しばしば有機的なラインを描く。水の挙動は高さに敏感だからである。しかし立ち入り禁止の区域には別の論理が作動し、人工的なゾーニングがされていく。かつて理想都市のデザインは幾何学的な円形を好んでいたが、原発事故の結果、その反転としてのディストピアの円形が南相馬市の一部をえぐりとる。

その後、実家が南相馬市にある研究室の学生は、ここを修士設計のテーマに選んだ。政治が決定した二〇キロ圏というライン、行政区域によるライン、海からの津波によって襲われた領域を示すライン、実際にまき散らされた放射線量の多さを示すラインなど、複数の見えない／見える線がせめぎあう被災地の現状を顕在化させるプロジェクトである。彼は立ち入り禁止のぎりぎりの場所に沿ってぐるっと移動し、さまざまな現場を見ながら、限界領域のフィールドワークを行い、故郷の風景を一変させてしまった災害と事故の意味を考えている。

仮設住宅地の集会所を考える

じつは南相馬市に研究室のメンバーと向かったのは、福島で多くの仮設住宅を手がけることになった設計事務所のはりゅうウッドスタジオの芳賀沼整氏から集会所のデザインを考えてみないかという打診を受けたからである。そこで敷地となる山間部の鹿島区牛河内(うしこうち)を訪れた。日本ログハウス協会東北支部がおよそ百二十棟を建設するエリアである。仮設住宅というと一般的にダイワハウスのような金属系のプレハブが思いだされるが、今回は阪神淡路大震災を上まわる六万棟近くが必要とされ、それだけでは供給が追いつかず、木造の家屋も多くつくられることになった。したがって、工場生産によるザ・プレハブ的なものが完成した後にログハウスの仮設住宅地が遅れて登場するわけである。宮城県でも、建築家の針生承一が登米(とよま)森林組合と応急仮設木造住宅を手がけるなど多くの事例が認められる。

鹿島区の敷地を見学すると、ログハウス協会の両側に別の仮設住宅が用意されているだけではなく、隣接する小さな上真野(かみまの)川の向こうにもメタルのプレハブ群がほとんど完成しており、さらに分譲の新興住宅地を挟んで、もうひとつの仮設住宅地にはすでに被災者が入居している。合計すると三百棟くらいがふえ、静かな農村の裏庭にいきなり町がやってくるかたちだ。一気に人口密度が上がり、農家と新興住宅地と仮設住宅地が混在する風景が生まれる。岩手県をまわっていると、海辺は仮設住宅地をつくる場所がほとんどなく、苦労して奥まったところに小さな敷地をみつけていたが、福島はまとまった平地がとれるようだ。

南相馬市鹿島区牛河内、上真野川沿いの仮設住宅敷地周辺

現地で思ったのは夏には突如新しい町が出現するエリアに店舗やコンビニがないことだ。クルマで出かけないと買い物に行けない。こうした商業施設がまず必要だと感じたのだが、民間のプロジェクトでないと依頼された仮設住宅地の集会所を店舗に変えることは困難だろう。およそ五十棟にひとつ公共の施設として集会所が設置されているが、いわば図書館をショッピングセンターにするようなプログラムの変更であり、しかも運営する事業者も決めなければならない。こうしたレベルで介入することは不可能だ。ちなみにはりゅうウッドスタジオによる仮設住宅地は、ログハウスという素材と構法だけでもほかとは異なる独特の風景を生みだすだろう。また家屋の玄関が向きあう配置にしたりクラインガルテンを設けるほか、将来的に住民がだいぶ出てい

った後は二戸をつなげて一戸とし、本設の住宅に変えることを提案していた。他の仮設住宅地に比べると、遅れてスタートするプロジェクトだけにいろいろな付加価値をもったものになっている。

では、ここの集会所をどうしたらよいか。筆者が現地を見学して気になったのは、鹿島区牛河内にいくつもの仮設住宅地がつくられるのだが、一階建ての家が数多く反復する水平な風景が広がることだった。かつてのニュータウンのように同じような家が並び、場所のアイデンティティが発生しにくい。これは南相馬市に限った問題ではなく、陸前高田の中学校の校庭につくられたダイワハウスのプレハブや仙台のパチンコ屋の隣の仮設住宅など、どこも基本的には同じような風景である。ゆえに集会所のプランをへんにいじることはせず、求められた面積や用途をそのまま充足しつつ、それとは別に垂直に伸びていく塔を設けることを提案した。一般的に既存の仮設住宅にプラスアルファの役立つ空間的な仕掛けを付加するケースは多い。しかし、迅速な機能主義として建設される仮設住宅地に欠けているものは象徴的な要素である。塔のある町に住むこと。それはふだんの生活にとっても自分の場所を確認する重要な基準点になるだろうし、将来ここを離れて新しい暮らしを始めた後も記憶に残る風景になるのではないか。また塔の存在は与えられた敷地の外側にも影響を与え、プレハブ住宅群から見えるはずだ。

時間と空間を超える建築

ここだけのための建物ではないこと。もうひとつ考えたのはベンチの提供である。建築と同じ木の素材を用い、その一部として組み込まれているような家具だ。集会所からベンチを運びだし、仮設住宅のあいだの路上に置いて積極的に外部空間を活用すること。仮設住宅の配置計画は日本大学の浦部(智義)研究室が担当しているのだが、そこには手出ししなくても建築は敷地の外部に対して身体のレベルで影響を与えられる。塔とベンチ、いずれもこれまでの仮設住宅地にはなかった新しい要素だろう。以上のコンセプトをまとめた「仮設建築プロジェクト　メモ」をここに転載しよう。これは六月十一日に福島で開催された「第二回フクシマの復興支援を考える会」の参加型座談会「福島県木造仮設住宅を検証する」において五十嵐研で発表したときに制作したものである。

これは仮設でありながら、時間と空間を超える建築である。
すなわち、塔のある集落のような風景が、人々の記憶に残ることによって時間を超えていく。
そして隣の仮設住宅地からも共有される風景をつくり、
建築からとり外し、別の場所に持ち出せる家具によって空間を超える。

ほとんど水平に展開する、南相馬市の仮設住宅地。
まわりも農家と新興住宅地が続き、平坦な風景が広がっている。
そこには垂直の要素が欲しい。

きっと、それはいつか仮設住宅地を離れて暮らすようになったときでも、
記憶のなかに残る心象風景となるだろう。
おそらく、それはログハウスのエリアのためだけの存在ではなく、
隣のブロックの仮設住宅地からも見えるはずだ。
もしかすると、川の向こうの均質な仮設住宅地からも
角度によって異なるかたちに見えるかもしれない。

かつて万博会場と隣接する、均質な空間の千里ニュータウンの住民にとって、
遠くに見える太陽の塔は、はからずも心の拠り所になった。

ここだけの仮設構築物ではない。

仮設構築物には、持ち運びができるベンチが建築的に組み込まれている。
居住者はそのベンチを外し、好きな場所で使うことができる。
仮設住宅地のあいだのストリートや川沿いで、
語らいの場が生まれる。
隣の仮設住宅地にもっていってもよい。

仮設構築物がその場所だけで機能するのではなく、
ほかの場所にも介入できる装置として、
家具と一体化した建築になる。

そしてアーティストによる壁画を導入することで、
太陽の塔と同様、さらに心象風景に残る建築とすることも検討される。

垂直の塔は何かの機能をもったものではない。あえていえば復興へのシンボルでもある。当初、塔に登ることや集会所の屋上も使うことを検討したが、法規上のハードルが高くなり断念した。それゆえ、純粋な塔である。また集会所そのもののプランをあまり設計の対象にしなかったのは、筆者の専門が建築計画ではないことに加えそこに誰が住むのか、あらかじめわからないからだ。おそらく南相馬市で被災した人たちなのではあるが、抽選によって決まるために事前に具体的な使い方を話しあうことができない。おおむねこのプロジェクトは承認され、実現に向けて動きだした。もちろん、さまざまな変更はあるのだが、筆者のコンセプトをもとに五十嵐研の大学院生、吉川彰布、村越怜が基本設計を担当し、はりゅうウッドスタジオが実施設計を行う。

壁画のある集会所

アーティストとしてはウッドペインティングのシリーズで知られる彦坂尚嘉の参加が決まった。具象的な絵ではなく、ジグザグの多い、幾何学的な抽象画を描く作家である。彦坂は、ここに福島原発の建屋のような青い空やポケモンの絵を入れるわけにはいかないと語っていた。とはいえ、東日本大震災の後に、福島とまったく無関係の壁画でもまずい。そこで彼は「福島芸術」なるジャンルを創出するという。アートは何にでもくっつくことができ、中世・芸術、抽象・芸術、イスラム・芸術などさまざまなバリエーションに展開する。純粋芸術でさえ、「純粋」と「芸術」の合成だ。今回、集会所の壁画は、「FUKUSHIMA」と「復活」の文字をベースにそれらが幾何学的に増殖していくイメージになっている。装飾的な絵文字という意味では、『ケルズの書』などケルト文化における聖書の文字を飾ったものに近いかもしれない。また「復興」ではなく「復活」という言葉を選択しているのは、3・11で亡くなった死者への想いもあるからだ。

そもそも仮設住宅に大きな壁画を描くというのも前代未聞だろう。いや、関東大震災の後、今和次郎らのバラック装飾社や、村山知義らのMAVOが先駆者として挙げられるかもしれない。いずれも焼け跡に建てられたバラックに対して芸術的なデザインを施した活動だが、前者はファサードに怪獣を描いたカフェ・キリン（竣工一九二三年）、後者はモルタル塗りの外壁に裸の乙女らのレリーフを刻んだ葵館（竣工一九二四年）などを手がけた。とすれば、今回のプロジェクトは東日本大震災の後のバラック装飾社といえるだろう。ちなみに、これらのプロジェクトは仮設住宅をつくるの

上・南相馬市仮設集合施設計画案（五十嵐研、担当・吉川彰布＋村越怜）。下・同東立面図に彦城尚嘉がスケッチを描いたもの

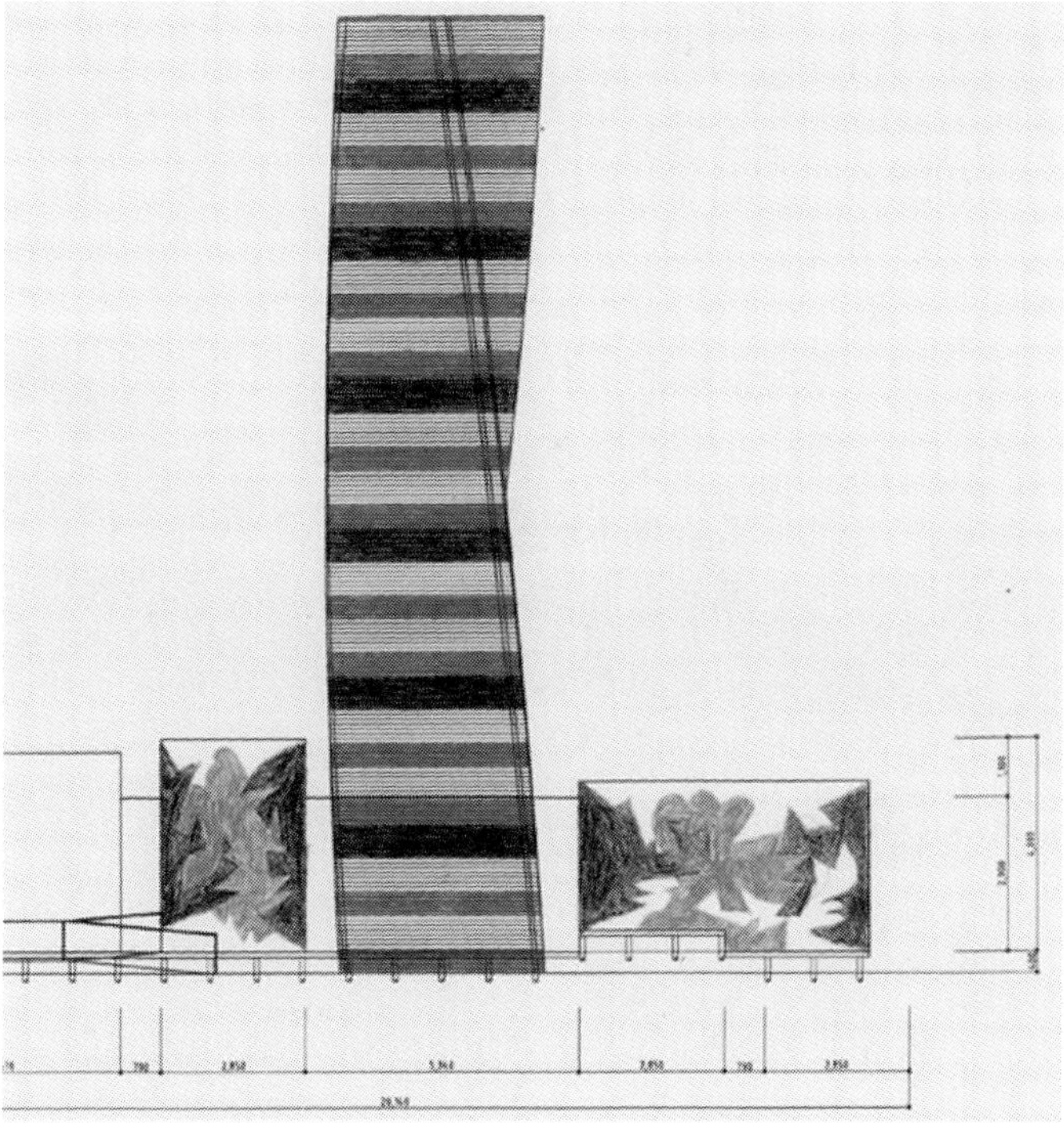

とは別枠の資金から制作されるものである。

芳賀沼整はログハウス協会から木材を十分に提供される利点を生かし、釜石では建築家の難波和彦にやはり集会所の設計を依頼し、箱の家シリーズを展開した作品が誕生する予定だ。また早稲田大学の石山修武と東北大学の五十嵐研にも声がけし、今回の南相馬市のプロジェクトにつながっている。芳賀沼は、ある意味で変わった建築家だろう。なぜならデザインで自己表現することよりも他者を巻き込み、さまざまなチャンスを他の建築家に与えているからだ。石山は彼のことをサンタクロースのような人だねと言ったらしい。そもそも筆者は難波や石山のような建築家ではなく、かといって設計やモノづくりも大好きな歴史家の藤森照信のようなタイプではなかったが、設計を志望する研究室のメンバーとともにこうした実施のプロジェクトに関わるとは想像していなかった。しかし東日本大震災が結果的にもたらした仮設住宅地の仕事を引き受けたのは、やはり震災が筆者をとりまく環境を大きく変えたことが原因だろう。

被災地のなかの復興への兆し

六月四日、鉄道でのアクセスが断たれているため、仙台からバスを使って矢本や東松島のエリアに入った。救援の拠点になっていた東松島市コミュニティセンターで降りて、海に向かって歩きだす。最初は地震で瓦が落ちる被害をたまに見かける程度だが、四十五号線の石巻街道を越えると津波に襲われた風景に変わっていく。フェンスごしにのぞく航空自衛隊松島基地でも、浸水した家具

左ページ上・宮城県東松島市旧矢本。石巻街道より海側の光景。下・同市大曲の県道247号定川大橋（切断された橋の向こう側が石巻市）

を屋外に出していた。昼なのに見渡すかぎり誰もいない。耕作地の畦道を歩いていたとき、不意に濃い霧が発生し、一帯を包む。視界の悪いなか点々と積まれた瓦礫の山しか見えない風景は、賽の河原のようだった。数年前に訪れた恐山の独特なランドスケープの記憶が不意によみがえる。われわれの知っている世界が別のものに変容し、もう後には戻れないという奇妙な感覚。それは霧に包まれた異世界を描くSF映画『ミスト』（監督フランク・ダラボン、二〇〇七年）にも似ていた。しばらく誰にも出会うことなく、ひとりで白い風景のなかを歩く。側溝が崩れ、船が乗り上げている。さらに進んでガタガタに壊れた道路をたどって定川(じょうがわ)大橋を渡ろうとしたら、途中でばっさりと切断されていた。そこで仕方なく大きく迂回して、石巻市の西部へ。

震災後、石巻に入るのは三度目である。北上運河を越え、中屋敷から南東の三ッ股、築山、大街道南あたりは住宅地が津波に襲われていた。独特な薬品の臭いが混じる工業港のインダストリアル・ランドスケープは、地盤の陥没などはあるものの、がっしりとした建築はさほど激しくやられてはいない。しかしその背後の平地に展開する木造の家屋は壊滅的だった。また海辺の南浜町や門脇町などの被災地は焼けた跡も痛々しく、いまだ片付いていない。雲雀野公園に巨大な瓦礫の山が生まれており、厳しい状態だった。陸に乗り上げた漁船もあちこちに残っている。しかし中央や立町の商店街は、ささやかながら再開していた。壊れたシャッターにベニヤ板をはって化粧品店が営業を始めていたり、石巻線は復活しないものの、駅周辺のカフェがケーキセットを提供できる状態になっている。被災地のなかに復興の兆しが認められるようになっていた。

筆者が勤務する東北大学でも、同僚である小野田泰明、石田壽一、本江正茂らの尽力によって建築学科はようやく緊急避難の体育館状態から仮設住宅の段階に移行が始まった。一ヵ月遅れて講義を再開し、二ヵ月間は青葉山キャンパスでかろうじて小さな部屋だけをあてがわれていたが、片平キャンパスの通研二号館にまとまった空きスペースを確保したのである。そこで簡単ながら内装を変えて研究室、院生室、製図室などを設置し、しばらくのあいだはそこが拠点になる。それでもまだ面積が足りないぶんは秋ごろまでにプレハブで増床して対応する予定だ。新しい居場所が山の上だった以前に比べて都心に近いことは、建築を学ぶものにとってむしろまわりの環境がよくなったともいえるが、複数のキャンパスを移動しながらの講義は教員にとっても学生にとっても不便である。なお、大破した建築棟は完全立ち入り禁止になっていたが、竹中工務店の施工によって壊れた柱脚部に鉄筋コンクリートを巻いたり、壁を新設するなどして応急補強がなされ、ようやく研究室に残してきたモノを救出する見通しがつく。解体するにしても、いきなり壊すと危険なために、いったん安定させる工事が行われたのである。これで学生たちもようやく私物をとりだすことが可能になった。六月末、懸念事項だった大量の書籍はダンボール箱につめて、一部を片平キャンパスに運び込んだ。しかし、プレハブに再度引っ越しする予定のために、開封すると二度手間になることから、そのままにしている。

もうひとつ、六月に入ってから大きく変わったことがある。前章で女川町の基礎ごと持ち上がって流され、異なる場所で横倒しになった鉄筋コンクリート造や鉄骨造のビルは撤去せずに残すべきではないかと記した。そして東北大学の研究室で学生とともに現地調査を行った後、どのようなかたちで保存できるかを検討するプロジェクトに着手していた。ちなみに、これは女川町の依頼を受けて行っていたものではない。ところが六月十日の女川町復興計画策定委員会の第三回会合において、津波で倒壊し、まだ解体されていないビル四棟を災害遺構として保存することが決定された。「河北新報」六月十一日の報道によれば、委員会アドバイザーをつとめる津波工学の首藤伸夫日本大学名誉教授が「津波による鉄筋ビルの倒壊は世界的にも珍しく、学術的価値が高いことから」保存を提案したという。震災後、倒壊した建物を正式に残すことが決定したのは初の事例だと思われる。

二地域居住と原発避難

五月に世界的な建築家が結成した帰心の会が、東京と仙台でシンポジウムを開催した。もっとも、壮大なヴィジョンは語らず、小さなできることから始めようと提案している。逆の見方をすれば、各地の復興計画とスター建築家の断絶も浮き彫りになった。国際的な建築家のネットワークによるアーキエイドの活動も四月からスタートしたが、始まったばかりで、具体的な成果はこれからである。筆者が気になっていたのは、いずれも地元である東北地方の建築家がほとんど関係していないこと。三月に新建築社の若手建築家展と連動したトークでも、東北の建築家がいない状況で震災が議論されていた。

それゆえ、五月十三日に山形で開催されたJIA東北建築家フォーラム2011は、阪神淡路大震災や福岡西方沖地震のときに現場で関わった建築家のほか、宮城県の針生承一や福島県の辺見美津男ら地元の建築家の取り組みが報告され、興味深い内容だった。話が抽象的にならず、具体的なプロジェクトに即して語られたからである。山本理顕が提案した仮設住宅の対面配置も、こうした媒介者が現場にいることで試験的に受け入れられていく。やはり、地元の建築家だからこそできる行動や細やかな計画が存在している。

プレハブでは工場と経済のシステムが先行し、震災が起きてから発言しても建築家の出る幕はあまりないのだが、今回は被害が大きかったことから、それでは足りないくらい量の仮設住宅が求められた。それゆえ木造も要請され、建築家の介入する余地が生まれる。とくに印象に残ったのは、実際にログハウスによる多くの仮設住宅を手がけることになった福島のはりゅうウッドスタジオの滑田崇志が報告した「二地域居住の観点から捉える原発避難地域のまちづくりの方向性について」だった。これは日本大学の浦部研究室との共同調査にもとづくプロジェクトである。

彼らは富岡町から逃れた避難民へのヒアリングを通じて、エリアごとの居住モデルと、四段階の時間軸を設定した故郷への復帰プログラムを提案する。前者の居住モデルは以下のとおり。第一に休耕田を利用したり、別荘にも使える中山間地域の会津、第二に空きビルを使い、職住移動モデルを行う都市部の中通り、第三に復興従事者のための近隣の浜通りだ。そして後者の復帰への道程は、こう記されている。二〇一一年五月の時点ではまだ完全避難期だが、仮の上屋が原発にかかる第一次復帰では関係従事者が戻る。そして上屋が完成し、土壌汚染の対応をした二次復帰では、いつでも戻れるふたつめの拠点を残しながら、家族も戻るというふうに。たとえば母と子が暮らすのは被曝が少ない会津エリアを想定している。また仮設住宅はその役目を終えたら、不必要なヴォリュームを菜園とする一方、二戸一戸化するなどして復興住宅に変えるという。地震後の復興計画は過去にも繰り返されたことだが、原発問題ははじめてであり、建築の側から関与しにくいテーマである。物理的に近づくこともできないし、現場で何が起きているのかという正確な情報も得にくいからである。しかし、彼らは二地域居住という新しい視点を導入することで、その困難な課題にチャレンジしていた。

復興を考えるために

東日本大震災は建築の関係者にも大きな衝撃を与えた。長い時間をかけて形成してきた多くの街が押し寄せる津波によって壊滅したからである。そして住宅やビルがこんなにも脆く、はかない存在だったことを見せつけられ、建築に何が可能かを自問せざるをえない状況がもたらされた。実際、体育館などを使う緊急の避難所生活、そして次の段階の仮設住宅は、現場で急速に進む事態であり、震災が起きてからはじめて考えても、なかなか間に合わない。この段階において、あらかじめ提案している本は、ランドスケープ・デザイナーの山崎亮が率いるstudio-Lとhakuhodo+designがワークショップを行い、その成果をもとに執筆された『震災のためにデザインは何が可能か』（NTT出版、二〇〇九年）だろう。これはカタストロフとしての地震に悲壮感もって立ち向かうものではない。デザインという知的な営為を通じ、最初期の避難段階において、いかに震災がもたらす具体的な場面とつきあうのかを考えさせる。デザインとは視覚的なカッコよさを追求するだけではない。むしろ、生活と全般的に関わることをあらためて教えてくれるだろう。

やはり建築家の職能は、第三段階の復興、すなわち新しい街づくりや施設のデザインを行うときに、豊かな地形や街の記憶をきめ細やかに読み込む空間の読解能力が本格的に役立つだろう。もっとも、以前から世界各地で支援を継続し、今回も積極的に活動した建築家として坂茂が挙げられる。『建築をつくる。人をつくる。』(ＩＮＡＸ出版、二〇一〇年)は、阪神淡路大震災後を契機に手がけた紙のログハウスに始まり、新潟県中越地震での避難所用の間仕切りシステム、スリランカの津波復興住宅、四川大地震後の仮設校舎などの試みを紹介したものだ。彼は女川町の体育館に間仕切りのシステムを導入し、さらにコンテナを互い違いに市松のパターンで積んだ三層の仮設住宅に着手している(女川町総合運動場野球場内に二階建てを含め百八十九戸分が十月竣工した)。東日本大震災が起きる前からすでに世界各地で活動していたことが、すばやい動きにつながったのだろう。

東日本大震災の後、佐賀県が三万人の被災者受け入れを表明したが、被災地の近隣に仮設住宅を新しく建設しなくても(またその遅れを声高に批判しなくても)、仮に全国の空き家を積極的に活用したり、シェアハウスが進めば、住まいの確保は一気に解決するかもしれない。いわば私有する土地へのこだわりと一家族＝一住居という前提が大きな足かせになっている(仮設住宅は約五万戸の建設が目標に掲げられたが、実際は交通の便が悪いことから空き室が目立ち、八月段階で民間の賃貸物件を借りあげる「みなし仮設住宅」の利用が四万五千戸を超えている)。牧紀男の『災害の住宅誌』(鹿島出版会、二〇一一年)も、世界の事例を分析しながら、人の移動を前提に住まいを考察するユニークな視点を打ちだす。今回の震災についても、人口増加の時代の復興モデルとは違い、すでに進行している人口減少を意識した計画が必要だという。彼によれば、持ち家に住み一ヵ所に定住するのは災害の少なかった戦後から高度経済成長につくられた幻想であり、地震災害の時代となる二十一世紀前半は持ち家システムを再考し、不特定多数の人が交互に利用できる住宅ストックを整備した柔軟な社会が求められる。そして「復興」という言葉自体に高度成長期のイメージがつきまとっており、むしろ仕組みが生まれ変わる契機という意味で「再生」のほうがふさわしいのではないかと述べる。

3・11の後、筆者は沿岸部を中心に被災地を歩いた。頭ではわかっていても、実際に訪れることで被災したエリアがあまりに広域であり、かつ多様であることが身体でじかに理解できる。そうした後だからこそ、『東日本大震災 復興支援地図』(昭文社、二〇一一年)と『地図で読む東日本大震災』(成美堂出版、二〇一一年)をより興味深く読んだ。前者は浸水範囲や通行禁止区域、避難所や災害対策本部などの情報を詳細にプロットし、後者は地震に関する各地の状況のほか、今後も見据え、立体的なデータによって日本の原発や活断層の位置も収録する。東日本大震災を理解するためには地図的な想像力を欠かすことはできない。テレビで切りとられた被災地の映像を見て、政治に憤慨するだけでは不十分だ。それぞれの街がもつ人工的な風景と日本の複雑な地形が生みだす自然の風景が織りなされた豊かな世界が傷ついたのである。被災地は同一のシステムを応用すれば、すべての問題が解決するという単純な記号ではない。今後の街を考えるためには、まずマイクロレベルで地理を読みとくことから始めるのが重要だろう。

V 情報

被災建物の保存計画

女川町において、地震による液状化が発生したために津波の浮力で基礎ごと引っこ抜かれ、流された倒壊ビルが保存されることに決まった。東日本大震災の威力を後世に伝えるためである。とくに保存される三棟は、すでに市街地として復興しないことが決定したメモリアルのエリアに位置していたことから、あまり反対も出なかったのではないかと思われる。そして残りの一棟は流されたビルではなく、津波がもっとも奥まで到達した地点を示すべく選ばれた被災建物だ。ただし、陸前高田で残った奇跡の一本松は枯れさせないために多大な労力を払っているが、女川町のビルは瓦礫として片付けず、たんに放置しておく、すなわち現状維持を選択したという意味である。実際、その後のテレビを通じて見る女川町は、筆者が二度訪れたときと比べて明らかに相当量のビルの残骸が減っていたから、保存の決定をしなければ、すぐに倒壊ビルは消えていただろう。むしろ、仮設住宅地の確保や女川町の復興など先に着手すべきことは山積みである。それゆえ、こうしたプロセスが一段落したところで、今度はいかに残していくかというデザインが問題になるだろう。

筆者の研究室では女川町を調査し、正式に保存が決定される前から、どのように鍵となる被災建物を残していくかを大学院生らと議論し、いくつかの方法を提示した。期せずして保存の主張は実現することになったが、ここでは個別の場所を読み解いたそれらのプロジェクトを紹介しよう。

石井勇貴案は、復興した街に異物というべき黒い巨大な直方体のヴォリュームを挿入し、津波の恐怖を伝える。これは倒壊ビルを剝き出しのままにするのではなく、黒い壁で覆うというプロジェクトだ。五階建てにも匹敵する壁の高さは、津波が到達した約二〇メートルになっており、その脅威的なスケール感を視覚的に表現している。一方、黒い壁の内側にある流された倒壊ビルは、全体を白く塗るという。また壁は流される以前の建物の位置まで包み込んでおり、本来の敷地の部分も白くすることで、ビルがどこからどこまで流され、移動したかをイメージしやすくする。おそらく壁の内部に入り、空を見上げると、津波の底にいるような体験をすることになるだろう。ちなみに、厚い壁のなかの階段を登ると、今度は逆に水面の高さから津波の底を見下ろすかたちになるが、ここは十分な高さがあることから避難所としても機能するはずだ。

また女川町の指針では保存の対象となっていないが、筆者は海辺のマリンパル女川も残すべきではないかと考えている。これは地震にも津波にも耐え、構造もさほど損傷していないが、まわりが激しく地盤沈下し、冠水が始まると、完全に水で囲まれ、アクセスができなくなってしまう。ちょうど厳島神社のような状態である。石巻郊外のやはり地盤沈下した住宅地は、人が暮らす生活圏であり、早急に手をほどこすべきだが、ここはもう人が使わない施設となるわけだから、むしろ建物の足元が水没する非日常的な風景の繰り返しによって（しかも、それはある意味で元の建物がもちえなかった美学的な力を偶然に獲得してしまっている）地盤沈下の証言者として残るべきではないか。震災はさまざまなモノの関係性を組み替え、異なる意味をもたらしているのだ。

マリンパル女川は、やや左右対称を崩した二棟のヴォリュームの対から構成されており、両者を中央のブリッジがつなぐ。しかし、大津波によってこの橋の部分は失われ、代わりに現状のマリンパル女川は、海に対するゲートとしての空間的な性格が強くなり、都市軸を生みだした。そこで石井案は、これを被災地のシンボルとすべく残った建物を津波の高さまで黒く塗り、軸線を意識させるために海上にも津波の高さの黒い柱列をペアで設置していく。また軸線の終点となる対岸には、津波によって壊れた神殿のようになった水産加工工場があり、これを津波資料館に再生させる。つまり、廃墟を抹消するのではなく、破壊された都市の状態をデザインの与件とみなし、そこから新しく記憶の空間をつむぐ。

塩田一弥案も、津波と同じ高さに設定されたガラスが被災建物の上を覆う。ゆえに人々は仮想の水面、すなわち水平に展開するガラスの上を歩くことができる。これは倒壊ビルを雨ざらしにしないことで鉄とコンクリートの保存にも寄与するだろう。ガラスのヴォリュームが都市を覆う風景は、一九六〇年代に活躍したイタリアの建築集団スーパースタジオによるコンティニュアス・モニュメントを想起させる。これはマンハッタン島など地球上に均質なガラスの構築物がかぶさっていくプ

右・女川町の倒壊ビルを覆う高さ二〇メートル、黒い直方体のヴォリューム（石井勇貴案）。下・同じく津波の高さに設定されたガラスの壁（塩田一弥案）。その向こう側（上部）に見えるのがマリンパル女川

ロジェクトだが、どこか水没した世界を思わせるものだ。実際、スーパースタジオはフィレンツェの大洪水を経験しており、コンティニュアス・モニュメントには彼らの原風景が反映されたと考えられるだろう。

以上は保存の手法を積極的に提案したものだが、逆に何もしない手法もある。北本直裕案は、そのまま残す廃墟のエリアを決定し、まわりを津波の高さに由来する幅二〇メートルの白線で囲む。白という色には三月十一日の東日本大震災の直後、雪が降ってきたイメージをかぶせている。白線の上には何もない。またその内側はいっさい手をつけず、外側は復興が行われる。いまは瓦礫が一帯に広がっているが、やがて津波を象徴する白線の帯をあいだに挟み、ふたたび日常を回復した新しい街と非日常的な止まった時間の風景が鋭い対比をなす。広島の現代都市と原爆ドームのように。江川拓未案は、マリンパル女川の特殊な状況に注目し、これを自然のまかせるままに風化させていく。だが、それは時とともに朽ちていく単純な建物の死ではない。むしろ茶色い外壁が緑に覆われ、あざやかなカビがはえ、新しい生命を獲得することなのかもしれない。つまり、人間の代わりに植物の家になるのである。

鈴木晴香＋平野晴香の案では、原発という人工心臓によって延命してきた女川町が波力発電を導入して新しい未来のモデルシティとして歩み始める。漁業の街から、海上にてグリッド状に整然と並ぶ波力発電のテクノスケープへ。電力は照明デザインに使う。被害を受けた海辺の市街地が緑地や公園になるために、モノではなく光で記憶を伝えるのだ。日没とともに徐々に照明が灯され、か

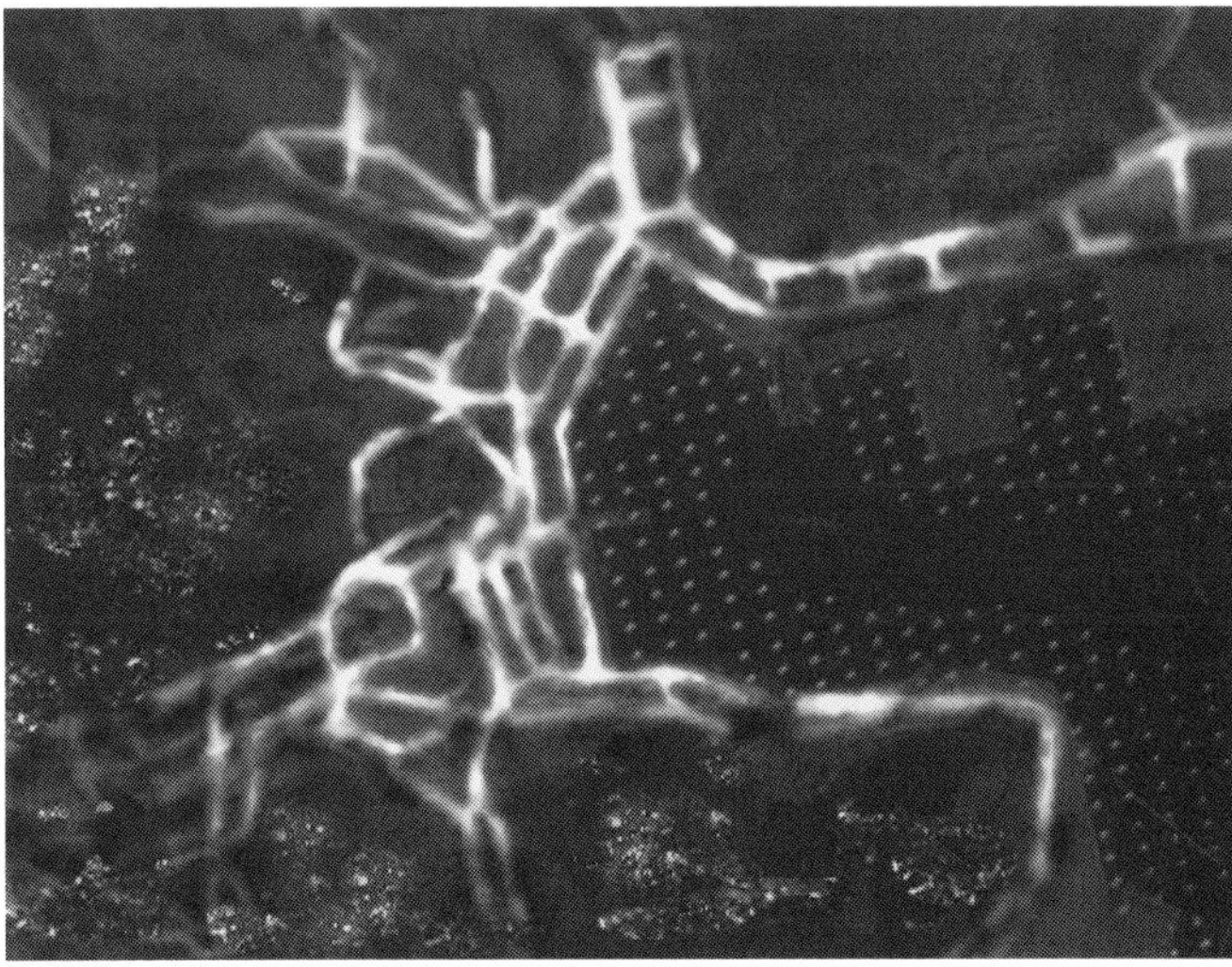

波力発電のテクノスケープ（鈴木晴香＋平野晴香案）

って建物が存在していた場所からほのかに光が浮かび、それらが失われた街の輪郭をなぞっていく。将来、多くの住民は高台に移転しているはずだ。しかし夜間にそこからむかしの市街地を見下ろしたとき、光点の連なりが道や建物の痕跡をあらわし、町を思いだす。冠水した市街地では波の満ち引きに合わせて、ふわりふわりと光が漂う。ゆっくりと深い呼吸を繰り返す。街の息吹のように。

建築の暴力性について

じつは女川町の倒壊ビルの保存に関しては、ひとつの物件について所有者が反対している。公式に発表された後、津波で肉親を亡くした所有者にいくつかのマスコミから取材が入り、感情を害した結果、役場に抗議したという。まったくの想定外ではない。筆者がはじめて女川町に入り、イタリアのポンペイやエルコラーノ、タイのアユタヤ、北京の円明園、インドのファティプル・シクリ、アイルランドの廃墟、9・11のグランドゼロなど、これまで世界各地の遺跡を見てまわった経験に照らしあわせて直観的にこれは残すべきだと思ったことをtweetしたときも、賛同の意見だけがあったわけではなく、被災者感情を考えろという批判もすぐに寄せられた。ましてや本当に複数の建物について保存が決まれば、当然起こりうる事態だろう。

だが、それでもなお筆者は確信をもって倒壊ビルを残すべきだと考えている。なぜならば、これらの建物は世界史的な宿命を背負ってしまったからだ。女川町だけの問題ではない。過去の津波災害において起きたことがない未曾有の建物破壊が、ここで発生してしまった。ゆえに、これはわれわれのためというよりも、いまだ生まれぬ未来の子供たちのために残さなければならない。明治、昭和、チリ地震では比較的に被害が少なかった場所でさえ、条件さえ整えばこれほど恐ろしい現象が起きることを伝えるために。しかも鉄筋コンクリート造の建物であれば、木造と違い、長く残すことが可能である。今度はいくら多くの映像情報が残されるといっても、リアルなモノの記憶は絶対に必要だ。

なるほどポンペイの場合、被災者が全員亡くなってから後世に発掘された。しかし、東日本大震災では当事者が生きている。それなのに保存を提案するというのは、高台への強制移転をうながす復興計画と同様、暴力的ではないかと違和感を抱く人もいるだろう。こうした批判については甘んじて受けるしかないと思う。建築的なプロジェクトという行為は、やはり空間の暴力性を抱え込んでいる。では事前に関係者全員の了解をとって、誰かひとりでも反対するならば建築家は何も提案してはいけないのか。筆者はこの立場をとることができない。もしそうするならば、たとえば丹下健三やメタボリズムなど、さまざまな東京計画はすべて存在が否定されてしまう。勝手に人の敷地のうえで未来的なプロジェクトを構想しているからだ。建築はそうした暴力性を抱えていることを自覚したうえで、空想的なプロジェクトも含めて提案を行うしかない。少なくともどのような空間を構想するか、という想像の自由も担保されるべきだと思う。もっとも、こうした問題は建築に限られたものではない。

森達也が述べていたように、ドキュメント映画もそうした暴力性がつきまとう。たとえば野球場を撮影した観客席の映像にたまたま不倫したカップルが入っていたとする。本筋とは関係ないシーンだが、その映画がきっかけで不倫がばれて、どちらかが自殺してしまう。だからといって、その映像に入ってしまうすべての人に許可をとらないかぎり、ドキュメントを制作すべきではないと考えるべきなのか。むしろ人を傷つけることを意図的にねらったものでなくても、表現行為には予想しえない暴力性をもちえることを自覚しつつ、制作を継続するしかない。おそらく不可避に多くの人間が映ってしまう写真、前衛的な表現がときには不快感をもよおすかもしれないアート、さまざまな思想を表明する文章も、同様の問題を抱えているはずだ。建築はとくに空間の領域において、それが発露する。ともあれ、反対意見がゼロ、一〇〇パーセントの賛成が得られるような表現。それはそれで笑顔のファシズムのようで不気味なものかもしれない。

原発事故と対峙する建築家

以前、筆者は彦坂尚嘉らと共著で『空想 皇居美術館』（朝日新聞出版、二〇一〇年）を刊行した。天皇が京都に帰還し、空っぽになった皇居に巨大な美術館をつくるというアイデアである。いうまでもなく皇居の許可をとったものではない。暴論という意味では、経済評論家の森永卓郎は九〇年代に中断された首都機能移転の議論を復活し、当時の候補地のひとつだった福島にいまこそテント国会を建設すべきと述べている。官公庁もあわせて移転し、霞ヶ関の土地は民間に売却する。福島に国会を置くことで地元に雇用と消費をもたらし、世界に安全をアピールできるという。なるほど、東京に原発をつくれないなら、国策として原発を推進した中枢が身をもって寄りそう。興味深い思考実験である。

磯崎新は阪神淡路大震災の後に、『古事記』を手がかりにして淡路島に新政府をつくることを提案したが、今回は福島の原発近くへの転都プロジェクトを発表している。方角にこだわる彼によれば、古代において首都は神話的構造線（熊野―若狭ライン）を北上してきた。そして近代に首都は出雲―鹿島ラインを東上したことをふまえ、今度の大災害を機会に東北に向かい、福島が首都になるという。実現の見込みはないだろうが、ここには想像の自由がある。つまり、建築的な装いをもちながら、アートというべき作品だ。磯崎のプロジェクトでは、原発に面して海上の立法府、ソーラーパネルに覆われた二列のメガストラクチャーによる行政府、そして若松城の近くに宮内府をもうける。これらは東西一直線の軸にのり、行政府は鹿島の真北にあたる。磯崎の師匠にあたる丹下健三が戦時下において大東亜造営記念のプロジェクトで提出した壮大な国土計画を彷彿させるものだ。このとき丹下は、皇居と富士山の麓を大東亜鉄道と高速道路でつなぎ、そのライン上に重要な都市機能を配置している。

藤村龍至は、福島からの集団移住を行うために、八万人が一ヘクタールあたり百人の人口密度で暮らす三キロメートル四方のリトルフクシマを埼玉県の郊外に提案した(「復興計画β：雲の都市」、「思想地図β」第二号、二〇一一年九月)。そして東北の角(すなわち福島への軸線)にあたる一キロ四方のエリアを祈りのための広場「丑寅の森」を配置し、毎年三月十一日は鎮魂のために集まり、故郷への祈りを捧げる。彼はこうしたモデルを起点にして、データセンターやクラウド・コンピューティングの空間的なメタファーを論じ、さらに日本列島改造論に拡張していく。将来における国土レベルのリスクヘッジを考え、太平洋ベルト(東京―名古屋―大阪―広島―福岡)に対して、第二の国土軸として東北―日本海ベルト(札幌―青森―仙台―新潟―金沢)を設定するのだ。彼によれば、「列島改造論2・0」は社会の縮小と成熟を背景とし、クラウド型の産業配置やエネルギーの複合化などが進行するという。ほかにも、重松重平は国土の安全性やエネルギー網を含むインフラの持続性を意識した二十一世紀のグランドデザイン2・0を、また藤本壮介は広島への首都機能移転を構想した。

一方、宮本佳明は福島原発の壊れた建屋をどのように覆うかについて提案している。複数の原発が並ぶ配置を同形式の神社に見立て、巨大な和風の屋根をかけるというものだ。帝冠様式のようなイメージを想像したらよいだろう。「みすず」二〇一一年八月号に掲載された鈴木了二「「建屋」と瓦礫と」にも福島第一原発石棺化計画のドローイングが添えられている。そして彼は、廃墟にもなれず、かといって元にも戻れない宙ぶらりんの原発を通じて「建築の墓」であるダンテウムに思いをめぐらせた。

アーティストはどう反応したか

国際交流基金の依頼により、筆者は3・11以降の建築家の動きを紹介する展覧会を企画することになった。すでに体育館の間仕切り、仮設住宅、復興計画などさまざまな段階において提案がなされている。そこで二〇一二年の三月に国内の東北大学のプレハブ校舎を皮切りとし、それから展覧会を海外で巡回させる予定だ。じつはもともと国際交流基金では、現代美術の領域における震災への反応をとりあげる展覧会を考えていたが、アーティストはすぐに作品化するのがむずかしく、この事態を受けて創作につなげるのには時間がかかるために断念し、建築展を行うことになったという。目黒区美術館の「原爆を視る 1945-1970」展も、本来は絶好のタイミングといえるのだが、原発事故が起きたために、その影響の大きさを懸念し、開催が二〇一二年に延期された。

なるほど、筆者が出席した吉祥寺のギャラリーにおけるトークイベントでは、もう作品をつくれなくなったという若いアーティストのナイーブな心情が聞かれた。また原発事故に関係した作品を福島で制作したものの、放射線量が高いエリアだったために、発表をやめた事例もあるらしい。現状では、アートに何ができるかを悩む作家が目立つ一方、建築界からは、マッチョな復興計画ではないが、多くの実践的な活動が起き、プロジェクトが発表されている。皮肉な言い方をすれば、復興の特需を通じて仕事がふえる可能性をもつ建築家のほうが「前向き」といえよう。建築家とは意外に自殺が少ない職業である。失敗すれば、個人では背負いきれない巨額のプロジェクトを動かしており、どこか楽天的な気持ちをもっていなければ、やっていけない仕事なのかもしれない。

むろん、アーティストに動きがないわけではない。メディア・アートの八谷和彦は、福島の事故を受けて、いちはやく制作した映像作品「うんち・おならで例える原発解説」をネット上で発表し、多くの人が閲覧した。かつてアトムスーツ=防護服を着用し、ガイガーカウンターをもって原発事故の起きたチェルノブイリに乗り込んだヤノベケンジは、ブログで前向きに立ち上がる人々のメッセージを出し、六メートルを超える巨大な子供の立像「SUN CHILD」を制作している。これは二〇一二年三月十一日に万博記念公園の太陽の塔の隣町に移設し、恒久的なモニュメントになる予定だ。また彼は、実際に放射線量を低減できる自走式の作品「THE CLOUD TANK PROJECT」に取り組んでいる。ちなみにヤノベは、チェルノブイリにまだ暮らし続ける人がいるなかで自分の作品にしたことを悩んでいたという。デビュー当時にキノコ雲をテーマにした作品を発表していた村上隆は、原子力をネタにしながら、原発を止めることができなかった心情をネット上で吐露した。彼らは深刻な原発事故は今回がはじめてではなく、すでにチェルノブイリを体験した世代のアーティストである。

下の世代によるお騒がせのアートとしては、過激集団のChim↑Pom（チンポム）が挙げられるだろう。彼らは渋谷駅に設置された岡本太郎の壁画「明日の神話」の欠けた部分（第五福竜丸が被曝した太平洋がある）に福島原発の絵を無断で加えて改変している（筆者は最初に「犯人」不明の状態でこのニュースを聞いたとき、彼らがやったにちがいないと思ったが）。また相馬市を訪れ、瓦礫のなかで現地の若者たちが円陣を組む「気合い100連発」の映像を発表した。最初は「復興がんばろう」や「ボランティアありがとう」だったものが、やがて「彼女ほしい！」や「車ほしい！」に変わり、最後は「放射能最高！」の叫びまで飛びだしたという。震災後、テレビ映像でも仙台の街なかの風景でも「がんばろう東北」といったキャッチフレーズが連呼されたり、のぼりがあちこちに立っていたが、これはまさにそうした全体への同化圧力という定型をずらす試みとして興味深い。実際、あるデザイン会議に出席したとき、原発事故を意識して多くのメンバーがみんなで節電、あるいは節電しても楽しめるといったコピーを打ちだしたことに違和感を覚えた。おそらく、これまでの原発安全のイデオロギーをたんに広告屋的に裏返したにすぎないと感じたからだろう。

遠藤一郎は「未来へ」号のクルマで東北各地をまわり、車体に寄せ書きをしてもらい、被災商店の看板ペイントや表札アートなどを行う。開発好明は磯崎道佳、木村崇人、タムラサトル、吉澤美香らの作家の協力を得てトラックにアート作品を積んで全国をまわり、募金活動を展開するデイリリーアートサーカスの行脚を続けている。また仙台出身のタノタイガは、被災地の瓦礫撤去作業を行う活動「タノンティア」を展開した。鴻池朋子は、「津波の映像を見た時に、言い方が難しいん

左ページ・石巻市（宮城県）、
中瀬マリンパーク内の「自由の女神」像

だけど、「自分が長い間見たかったのはこれだ」という、とても強い欲望のようなものが覚醒」したと語る。そして心のケアや癒しとは「真逆の、根源的な力そのもの。それが生きる力につながって、作品が生まれると思います」という(「美術手帖」十月号)。

記憶することとアートの役割

写真家の畠山直哉は、陸前高田市に住む母を亡くした後、被災地を定期的に訪れ、風景の変化を撮影している。またレジデンスを契機に仙台に移住した志賀理江子は、名取の自宅を津波で失った。大量の写真とそのデータをなくし、仮設住宅に暮らすことになったが、すぐに実作につながる動きをしているわけではない。流された家族アルバムや写真を洗浄して記録したり、せんだいメディアテークで自己をみつめなおすトークイベントを繰り返しながら、じっくりと時間をかけて次のステップに進みだそうとしている。

七月二十九日に開催されたAAPA東日本大震災アートミーティング第一回仙台セッション「今、アートに何ができるか」では、基調報告として宮城教育大の村上タカシが石巻の壊れた自由の女神や気仙沼に打ち上げられたヤマトこと第十八共徳丸など偶発的に発生した風景を残そうという3・11メモリアル・プロジェクトの活動を紹介した。また第一部の「現場からの報告・提案」では、家を流され、しばらく勤務先のリアス・アーク美術館で暮らしていた学芸員、山内宏泰が、アートに何ができるかではなく、アートが何をすべきかを問うべきだと述べる。すなわち津波という現象も

宮城県気仙沼市鹿折地区、JR鹿折唐桑駅前まで流された第18共徳丸（330トン）

文化のひとつとして認識しつつ、それが将来も忘れられないようにすること。そのときこそ、アートがもつ五感に訴える伝達力がもっとも有効であることを強調した。森ビルの藤原純は、複数の県をまたぐ長大な津波浸水ラインに沿って、未来に記憶を残すパブリックアートを置いていくプロジェクトを提案する。そしてえずこホールの水戸雅彦は、余震が続くなか四月十二日にあえて公演を決行したことをふまえ、被災地ではいまこそアートが求められているという。

一方、七月三十一日に東京の３３３１アーツ千代田で開催された「Emerging#1」展のシンポジウム「アートの再生・アートの新生」では、現代美術の椿昇や中村政人らのように、安易なメモリアル志向、すなわちいまの時代においてモニュメントをつくることは避けるべきという意見が強かった。ここではAAPAのパブリックアート志向とはだいぶ違うスタンスが認められるだろう。中村は独自に3331アーツ千代田と東北各地の文化施設を連携していくプログラムを動かしている。アートの世界は一枚岩ではない。

ちなみに、仙台では六月にアーツエイド東北の組織が立ち上がり、東北の芸術文化活動を広く支援していく予定だ。また二年後を目標に、神楽の伝統芸能を中心に据えつつ、三陸沖をつなぎながら東北トリエンナーレを新しくおこそうという動きもある。しかし、ここに携わっているメンバーの思いも一枚岩ではない。

悩む建築家たち

むろん、建築サイドも悩んでいないわけではない。

東日本大震災を契機に組織された国際的な建築家のネットワーク、アーキエイドは、七月下旬に牡鹿半島でワークショップを実行したが、そのタイトルをめぐって議論が起きていた。「サマーキャンプ2011　半島へ出よ」というものである。むろん、被災地に宿がないためにキャンプをするといっても、文字どおりのキャンプではない。大学で教鞭をとる日本各地の建築家が学生とともに出向いて住民に聞き取りを行い、各集落の復興のあり方を考える企画だ。しかし被災地と関わりの深いメンバーから、「サマーキャンプ」というタイトルは生活に困窮している被災地にとってあまりに楽観的すぎる響きではないかという意見が寄せられた。また村上龍の小説をもじった「半島へ出よ」も、それでは牡鹿半島を北朝鮮になぞらえたという誤解を招くだろうとの意見もあった。

五月二十七日、東京の伊東建築塾でお披露目がなされた帰心の会の第二弾が、せんだいメディアテークにて開催された。一ヵ月弱の開きしかなかったために、序盤のトークは東京とほぼ同じだったが、釜石のワークショップを経た伊東豊雄は、美しい風景をもつ東北において人々の心に安らぎを与える「みんなの家」をつくりたいと述べた。また山本理顕は、既存の仮設住宅のシステムをすぐに変えられなくても異なる価値の空間を足すことはできるのではないかという。東京の会場ともっとも違っていたのは聴衆である。せんだいメディアテークでは、一階のオープンスクエアが使われたために、建築の関係者以外に多くの一般人が参加していた。おそらくそうした市民は、有名建築家が訪れるから、ふつうにいわれる高台移転案とは異なる斬新な街のヴィジョンが発表されると期待していたのではないかと思う。もっとも、伊東と内藤は菊竹清訓事務所の出身なのだが、帰心の会に一九六〇年代のメタボリズムのような未来都市のプロジェクトはない。これまでの建築のあり方を深く問いなおし、まだ静かに悩む建築家の姿がそこにあった。

その後、伊東は、くまもとアートポリスのアドバイザーである桂英昭、末廣香織、曽我部昌史との共同設計によって、仙台宮城野区の仮設住宅地に秋までに「みんなの家」を実現させる熊本県の支援プロジェクトに着手した。熊本県から仙台市への贈り物である。また彼は被災地の人々を励ますべく、「みんなの家」のアイデアスケッチを寄せるよう世界中の建築関係者や子供たちに呼びかけた。おそらく、伊東は二十一世紀における建築の新しい祖型をイメージしている。なお「みんなの家」は、以下に掲げた三つの役割を担う。
（1）被災地の仮設住宅等で暮らす人々が集まって語り合うことのできる原初的なコミュニティスペースである。
（2）家を失った人々が記憶のなかで共有しうるイメージの家である。
（3）人々の心を和らげ生きる希望を与えることのできる生命力に満ちた家である。

せんだいメディアテークと七月三十日にオープンした今治市伊東豊雄建築ミュージアムで同時開催の「被災地につくる「みんなの家」アイディアスケッチ」展において、フランク・ゲーリー、ザハ・ハディド、スティーブン・ホール、ドミニク・ペロー、シーラカンス、アトリエ・ワン、安藤忠雄、隈研吾、妹島和世、千葉学、乾久美子、西澤立衛、藤本壮介、平田晃久などの建築家、吉岡徳仁、日比野克彦、小学生、建築学生らに混じって五十嵐研のドローイングも展示された。前章で紹介した南相馬市の仮設住宅地の集会所に塔をたてるプロジェクトである。ここでは無限に伸びるようなイメージを提出した。興味深いのは、この展示が意図的に子供の絵の発表会のような方法でそれぞれのスケッチを並べていたこと。巨匠も子供もフラットに扱うやり方が、まさに「みんな」というテーマをよく示す。

ところで集会所は八月上旬の段階でほぼ完成し、彦坂尚嘉による壁画の制作も無事に終わった。四面すべてに絵を描いているが、一辺一〇メートルの正方形プランだから、合計すると四〇メートルの巨大な作品である。これはファン・オゴルマンによる大学施設に継承された、メキシコの壁画

左ページ・せんだいメディアテーク「被災地につくる「みんなの家」アイディアスケッチ」展（上）と五十嵐研のドローイング（下）
188 - 189ページ・南相馬市仮設住宅地集会所（壁画・彦坂尚嘉）

運動を想起させる。通常、壁画は建物の正面だけに存在するが、四面ともに描かれたケースはめずらしいだろう。しかし塔の建設については、木材は調達できても、二〇メートルの高さにするには鉄骨が必要になり、その工費が想像以上に大きくなるために、まだ目処がたっていない。アーティストはいざやるとなったら自力で作品を完成できる。しかし建築は大がかりだ。仮設住宅地の予算とは別途に集めるものとはいえ、それなりの額を塔の建設に使ってよいのか、という悩みもある。たとえば塔の下部だけをつくり、未完成のままにしていく。あるいは集会所に塔の完成予想図だけを提示する。それだけでも十分ではないかとも考えている。なぜならば、水平に広がる均質な仮設住宅地において塔が建つことを想像するだけでも、人々の気持ちは確実に変わるはずだ。映画の『インセプション』(監督クリストファー・ノーラン、二〇一〇年)ではないが、アイデアを植えつけること。それだけでも心のなかに塔は完成する。

建築系メディアはどう伝えたか

最初の一ヵ月

東日本大震災では、直後のtwitterの活躍など、われわれがすでにネットの時代に突入していることをあらためて認識させる出来事が多かったが、一方で「石巻日日新聞」のアナログな試みも印象に残った。輪転機が動かなくなっても、大勢の被災者が情報を求めているなか、「今、伝えなければ、地域の新聞社なんか存在する意味がない」と考え、紙とペンさえあれば手描きの壁新聞でも継続できると発行に踏み切ったのである（石巻日日新聞社編『6枚の壁新聞』角川SSC新書、二〇一一年）。コンビニなどで張り出された「石巻日日新聞」の現物は、ワシントンの報道博物館で展示された。筆者も陸前高田や大船渡の避難所、あるいは女川の病院など手描きの情報が多く張り出された壁や柱をいくども目撃している。誰もがtwitterを使いこなしているわけではない。若者はともかく被災地の高齢者は、そうした情報ツールに疎いと思われる。ゆえに、手描きによるコミュニケーションというメディアの原点に立ち戻るような場面が発生したのだろう。そもそも震災後は停電が続き、テレビはつかないし、電話もネットも接続できず、被災地以外では膨大な情報があふれていたころ、現地では情報が寸断されていた。人々が街に出て直接に情報を求めたり、ラジオが活躍したことが特筆される。

実際、仙台でも「河北新報」がきめ細やかな地域の情報を提供し、ふだんは忘れがちな地方紙の重要性を感じさせられた。そもそも東北地方では物流が止まり、新しい雑誌がしばらく入荷されない状況も続いていた。また東京のテレビが完全に日常を回復した後も、たとえば仙台では五月に入ってても画面の上下に支援情報がたえず流れていた。誰もがネットに接続できるわけではないから、テレビは基本的な情報のインフラとして求められていたのだろう。さて、建築のジャーナリズムはどうか。最初期の報道のスピードでは、ヘリコプターを飛ばすことができるテレビや新聞など一般メディアにはかなわない。もちろん、人命救助や緊急避難を優先すべき状態において、直接的な行動ではない建築ジャーナリズムがすぐに役立つことは少ないはずだ。むしろ専門的な見地から震災と津波の被害をとらえ、その対策と復興の提案を報じることが専門誌の使命となるだろう。

こうした非常時において、原稿依頼→入稿→校正→印刷→配本のルーティンを伴う月刊の紙メディアはすぐには対応できない。現地にいる、あるいはそこを訪れた建築の関係者によるtweetやネット上の書き込みが初動の情報となっていたが、日本建築学会でも震災後はホームページに情報のハブがつくられた。日経BP社が運営する建築系サイトの「ケンプラッツ」では、読者からの投稿や、被災地在住の建築家や研究者と連携しつつ写真入りで最新のレポートを掲載した。また東北を含む各地に支局を置く「建設通信新聞」のような業界紙は、いちはやく現地の具体的な情報を報道している。もっとも、肝心な現地への流通がむずかしくなっていたことから、ネット上で紙面のデータをすべて公開していたことも特筆したい。今回、建築に限らず、こうした無料の情報提供を行った事例が数多く散見される。また建築系ラジオでは、編集の工程を最小限化したネット・メディアの速報性を生かし、三月十五日に東日本大震災をめぐる座談会を収録し、十七日から配信を開始した。三月下旬には東北大学の学生らが震災時の状況を語ったコンテンツも流している。

雑誌の初動

紙媒体は、その制作プロセスゆえに、早くても四月刊行、タイミングによっては五月刊行の号から東日本大震災にふれている。たとえば日本建築学会の機関誌「建築雑誌」は、いつもの特集枠とは別に五月号の巻頭で「東日本大震災緊急報告」を、六月号で緊急座談会「東日本大震災とこれからの建築・都市・国土」を掲載した。前者は現地の最新調査レポートだが、後者は学会誌らしく俯瞰的な立場から震災をとりあげ、日本建築学会、日本建築士会連合会、日本建築家協会、日本都市計画学会の各会長がそれぞれの専門領域と職能から語っている。

一方、「新建築」の五月号は、通常の作品紹介の前に特集「東日本大震災 3・11から50日」を入れ、坂茂の間仕切りシステムや帰心の会のメッセージ（伊東豊雄、山本理顕、内藤廣、隈研吾、妹島和世）など有名建築家の活動を紹介した。また定価五百円で緊急出版された「新建築」六月臨時増刊「今、建築について思うこと」は異例の原稿収集だった。収益全額を義援金として日本赤十字社に寄付することから、原稿料はなし、急いで刊行するために校正もないことがあらかじめうたわれていた。有名建築家からふつうの学生まで百七十四人の言葉を掲載しているが、新建築社としてはめずらしくヴィジュアルがほとんどなく、著者の名前をアイウエオ順にただ文章を並べ、英文も翻訳せず、そのまま掲載したつくりに緊急性が感じられる。全体のトーンとしては、すさまじい災害を目の当たりにしていまだとまどい、建築家に何が可能なのかを模索している文章が多い。

「日経アーキテクチュア」は、まだ全容がわからない三月中旬の段階で、クルマで被災地の取材を敢行し、「ケンプラッツ」で記事を連載したが、これは例外的なケースだろう。基本的に他のジャンルと同様、建築のメディアも東京に一極集中しているためだが、宿の確保に苦戦しつつも、ある程度東北への交通事情が回復し、ガソリンが入手できるようになった三月下旬くらいから本格的な現地取材が行われた。被害状況が少しずつ判明し、訪れるべき場所の目安もわかるようになっている。こうして「日経アーキテクチュア」と「建築知識」は、やはり実務者向けの情報を提供した。前者は四月十日号から震災を報道し、「RC横転の衝撃」(四月二十五日号)「『耐震都市』仙台からの教訓」(五月十日号)「震災復興」(五月二十五日号)「節電建築」(六月十日号)「天井の安全学」(六月二十五日号)「免震の真価」(七月十日号)などの特集を組み、六月にはそれらをまとめて二冊の書籍『東日本大震災の教訓』も刊行している。後者は、住宅の被害や液状化をとりあげながら、全国の危険度を示す折り込みのマップなどを雑誌に挟み込んだ。

ユニークな切り口を提示したのが「建築ジャーナル」だ。特集のタイトルは五月号が「東日本大震災、建築家は何ができるのか」、六月号が「ほどほどの節電からわかるムダな電力消費」、七月号が「震災復興と建築教育」である。もともと竣工した作品中心主義の雑誌ではないために、著名建築家に偏ることなく東北在住の建築家の活動もていねいに紹介しつつ、過度に実務者向けでもなく、ときには専門外の知見も織り込みながら、さまざまな視野から震災と建築界の関わりを追う。いい意味で「雑」誌的である。

展覧会の動向

今回の震災で目立ったのは、中井久夫の著作『災害がほんとうに襲った時』(みすず書房、二〇一一年)のデータが一部公開されたように、ネットを通じた有用な情報の無料配布である。建築の分野でも、緊急に誰もがアクセスできる共有知とすべく仮設住宅地、図面のデータ、過去の記録、研究の成果などのオープンソース化が行われた。実際にそれらがどれくらい活用されたかはまだ検証されていないが、むかしは不可能だった新しい対応といえるだろう。ただし、筆者はネット万能主義ではないので、紙媒体として記録を残していくことも依然として重要だと考える。デジタル・データの保存が安定しないかぎり、五十年や百年といった長期的なスパンで情報を後世に伝えるために歴史的に紙が果たしてきた役割は圧倒的な信頼感をもつ。

筆者は展覧会もメディアとして位置づけているので、その動向にもふれておきたい。「UIA2011

TOKYO 111 Days Before」展（行幸地下ギャラリー、六月一日―二十九日）の「建築関連団体の震災支援活動」セクションは、単純なパネル展示だったが各団体の動きを伝えていた。また「SPACE OURSELVES」展（京都、東京、浜松を巡回、四―七月）、藤村龍至らがキュレーションを行う「小さな建築のスタディ」展（hiromiyoshi roppongi、八―九月）、平田晃久、五十嵐淳、マウント・フジ・アーキテクツ、中村拓志、迫慶一郎、芦澤竜一、トラフが出品した第二回ヤング・アーキテクツ・プラザ「若手建築家による東日本大震災復興支援・建築デザイン展」（オリエアート・ギャラリー、八―九月）はポスト3・11のプロジェクトをとりあげた。その内容としては平地への人工地盤、傾斜地を生かした住宅配置、原発事故を受けてのエネルギー系の提案に分類できる。もっとも、こうした企画は東京在住のいわゆる有名建築家ばかりで、被災地に拠点を置く地元の建築家がほとんど関与していない。ちなみに仙台からの提案としては、針生承一が海と離れない生活のための人工地盤をもつ「海のいぐねと陸の浮島」、閖上（ゆりあげ）ルネサンス構想を、SOY sourceが被害を受けた仙台宅地造成地の復興プランを提案している。

横浜トリエンナーレ2011と連動する新・港村においては、牡鹿半島の三十の浜におけるワークショップの成果を報告するアーキエイドの展示ブース（八―十月）が設置され、さらに大ギャラリーではその集大成として全一五チームのパネルのほか石巻2・0、建築系ラジオ、アーティストの活動を紹介する「震災とクリエイティビティ」展も開催された。ほかにも住田町の木造仮設住宅の実物を設置した「東日本大震災に係る復興支援プロジェクト　立ちあがるための住まい」展（工学院大学、九月）、建築学会の建築博物館ギャラリーではシンポジウムと連動した「3・11以後の日本」展（十月）、ＡＸＩＳギャラリーの「Post 3.11――これからデザインにできること」展（十―十一月）、乃木坂のギャラリー・間では被災前の状態を示す街の白い地形模型を並べる「3・11 失われた街」展（十一―十二月）、そして国際交流基金が主催する世界巡回展などが企画されている。今回は阪神淡路大震災の後に比べて、こうした動きが明らかにふえている。建築家のプロジェクトを紹介した雑誌としては、「ＪＡ」八十二号、「カーサブルータス」八月号、「X-Knowledge HOME」特別編集十五号、そして藤村龍至による福島から埼玉への集団移転計画を紹介する「思想地図β」第二号などが挙げられるだろう。

3・11以降の建築展

若手の建築家による提案

東日本大震災の直後は沈黙していたが、五月を過ぎると、展覧会を通じて3・11以降の建築の考えが発信されるようになった。いちはやく開催されながら、若手の建築家に限定しつつ彼らの空間的な提案を紹介したのが、「SPACE OURSELVES」の東京展（六月十五日—二十七日）である。これはもともと川勝真一らが運営し、京都に拠点を置く建築系のオルタナティブ・スペースの「radlab.」が企画した展示であり、秋葉原の３３３１アーツ千代田の東日本大震災復興支援「Arts Action 3331」展の一部として巡回したものだ。

同展は二十代の最若手を含むが、東京、名古屋、関西以外に東北からも青森在住の福士譲＋福士美奈子といった建築家が参加している。テーマに掲げるのはベタな復興プロジェクトではなく、「「人と一緒に生きる」を私たちとともに問い直し、それを手助けする建築はどのようなものか？」だ。いくつかのプロジェクトを見よう。

岡部修三と大室佑介は、カタストロフに関するメモリアル施設である。ただし、前者はガイガーカウンターが一定値を超えると光の帯が空に現れる現代性を強調するのに対し、後者は発生時刻と震源地の方角に対する光の軸を設定した古典的な設計だ。近藤哲雄は敷物を、木村吉成＋松本尚子は植物を用い、建築というハードに頼らず街のなかに共有の場を出現させることを提案する。また梅原悟はオセロ、元木大輔はサッカーというゲームを集まりの空間として読み替えた。一方、前田茂樹は流木の廃材による小さなランドスケープを、米澤隆は移動するフォリーを持ち込むことで仮設住宅に彩りを与えようとする。

筆者がとくに興味をもったのは白須寛規の提案だった。日常的すぎてほとんど気にもとめなかった、失われた風景をあらためて共有するワークショップである。同じ風景が別々のエピソードによって多くの人に共有されることで加算的な公共性を見いだし、次のまちづくりにつなげること。誰かにとって思い出深い風景は、必ずしもモニュメントではない。ともあれ、全体として大がかりな復興計画がなく、ナイーブな案が多いことはいまどきの建築家の態度をよく示している。

チーム・ラウンド・アバウトのキュレーションによる、3・11以降を意識した十五組の若手建築家の「小さな建築のスタディ」展（hiromiyoshii roppongi）も、タイトルどおり小さな、かわいらしい模型を並べ、壁にドローイングをはっていくものだ。松岡聡、田村裕希による壊れた開口部からの増築や、垣内光司による基礎花壇にそえた小さな構築物などが出品されている。実施を前提とするリアリティの高いプロジェクトにしぼっているが、やはり大きな計画ではない。

これらは若手の主催者によるポスト震災の好企画である。ただ、現代美術の拠点である3331アーツ千代田の会場において、建築の提案がアートと並ぶと、展示がカッコよくても内容の伝わらなさが目立つ。アートがもっと直観的に訴えるのに対し、建築はどうしても説明的になってしまうのだ。おそらく建築の関係者だけが訪れる京都の会場では気にならなかったことだろう。建築以外にも伝えていく展示の方法は、今後の課題である。そして二〇一二年三月にも、3331アーツ千代田において震災以降の建築と美術を見据えた展覧会が開催される。

メタボリズムの未来都市展

これと対照的なのが、二〇一一年九月に森美術館でスタートした「メタボリズムの未来都市」展だろう。世界各地から建築家が集まる九月下旬のＵＩＡ東京大会を祝福するかのようなタイミングである。メタボリズムとは、一九六〇年の東京で開催された世界デザイン会議を契機に結成された前衛的な建築運動のこと。むろん、これまでにメンバーの黒川紀章や槇文彦、あるいはその周辺人物の磯崎新らの個展は開催されてきたが、グループ全体のまとまった回顧展は初だろう。彼らは、生物学用語の新陳代謝(メタボリズム)を主要なコンセプトに掲げたように、建築や都市が不動ではなく、各部分を取り替え可能なシステムにすることを主張していた。おそらく、現在にいたるまで日本から世界に発信したもっとも有名な建築論といえる。

展示は戦時下の都市計画から始まり、丹下健三の戦災復興計画、広島ピースセンター（竣工一九五五年）や東京湾を横断する東京計画１９６０を経て、一九六〇年代に一気にメタボリズムが花開く状況を紹介する。戦前と戦後を単純な断絶とみなさず、大きなヴィジョンの国土計画の連続ととらえる視点は、本展の企画監修に関わった八束はじめの著作『メタボリズム・ネクサス』（オーム社、二〇一一年）と共通するだろう。今回、図面や模型のほかにＣＧによる映像での展示も積極的に使われたが、ＳＦ的な空中都市や海上都市の数々は、現在とは真逆の社会状況、すなわち当時の爆発的な人口増加と経済成長を背景に生まれたものである。さすがに未来都市はほとんど実現しなかったが、メタボリズムの実験的なデザインは数多く建設された。一九七〇年の大阪万博でも彼らはいくつもの未来的なパヴィリオンを手がけている。

メタボリズムの登場は、明治の開国以来、西洋に追いつこうとがむしゃらに突っ走った日本の建築界が、気づいたら世界を追い抜かしていた瞬間だったのではないか。建築家が本気で未来都市を計画しようとしていた時代の輝きは、東日本大震災で傷つき、今後のヴィジョンを求められるいまの日本からすると、とても力強いものに見える。

Ⅵ　萌芽

海外から東日本大震災を想う

3・11以降に訪れたヴェネチア

二〇〇六年以来、毎年ヴェネチアを訪れている。今年の八月はヴェネチア・ビエンナーレ国際美術展2011が目的だが、建築展と交互に行われる隔年の国際展の両方を見ようとするとそうなってしまう。おそらく、ビエンナーレのためではなく学生時代にパラディオやスカルパを見学するために立ち寄ったころも含めると十回は訪れているだろう。だが東日本大震災による津波や冠水の被害を目撃した3・11以降にこの街に入ったのははじめてだ。いうまでもなくヴェネチアは世界に知られる海の都市であり、水路で細かく分断され、曲がりくねった複雑な小径だらけの空間構造ゆえにクルマを使うことができず、船が主要な交通手段になっている。二十一世紀を迎えてもなおこうしたユニークな都市が維持できるのはほとんど奇跡的な出来事だが、それに魅せられて集まるツーリストからの観光収入が経済をサポートしているからだろう。なるほど、ヴェネチアは実際に人が住むテーマパークのような都市である（ところで、浦安のディズニーシーでもっともよくできているのは

石巻市内、地盤沈下による冠水

ヴェネチアを模倣した部分だろう）。

しかしながら、空港から市内に向かう船において海からヴェネチアを眺めると、怖さの感覚を拭いさることができない。街の景観がとてもよく見える、いやまる見えなのである。つまり防波堤どころか、手すりのようなものさえ海辺にないことにあらためて気づく。とくに岩手で防波堤に囲まれた、海が見えない海辺の街を数多く見た後だと、あまりにも無防備に見えてしまう。歴史的に津波はヴェネチアを襲わないのかもしれない。とはいえ、ときどき冠水は起きて被害は受けている。ひどいところでは一メートル近くも地盤が沈下し、毎日のように冠水するようになった石巻や女川では、道路をかさあげしたり土塁を積むなど応急処置を施していたが、いずれ正式な堤防がつくられるだろう。だが、こうした

ヴェネチア・ビエンナーレ2011日本館「束芋：てれこスープ」展

土木的な要素をヴェネチアに付加すれば観光都市の風情は台なしになる。たしかに海に対する都市のゲート、サンマルコ広場やその向かいのサン・ジョルジョ・マッジョーレ教会など明らかに海からの見えを意識したファサードは多い。リスクはある。それでもなお堤防も手すりもつけない。ヴェネチアが選択した覚悟は興味深い。じつは今回、サンマルコ広場に近い海辺のホテルに宿泊し、朝食は水上にはりだすようなテラスでとったのだが、たえず押し寄せる小さな波にでさえ東日本大震災の記憶がよみがえる。

ヴェネチア・ビエンナーレのメイン会場であるジャルディーニ公園の日本館では、束芋の作品が展示されていた。国際交流基金の展示の委員を担当していることから、事前に彼女の日本風の街と水を描く映像作品が3・11

を連想させることは知っていたが、湾曲した画面を波が洗う実物は想像していた以上にそれを思いださせる。ここが世界に向けて各国を代表する作家を選ぶパヴィリオンであることを考えると、外国人はなおさらそう考えるだろう。実際、コミッショナーを担当した植松由佳によれば、海外のプレスからまず最初に聞かれたのは作品と津波の関係だった。しかし、これは災害が起きる前に構想された作品である。二〇〇九年の横浜美術館における束芋個展でもその原形が紹介されていた。ビエンナーレでは、会場が水の街ヴェネチアであることも意識したかもしれない。一時国際交流基金では、本作品は震災と関係ありません、というキャプションをつけるかどうかが議題にあがったが、その必要はないだろう。むしろ筆者は、これで作品の意味に幅が広がったと考える。もし震災がなかったからだめという作品では弱すぎる。震災を受けてベタに反応するのでもない。アーティストによる予見的なヴィジョンも含めて束芋の作品は新しい文脈を獲得したのである。

ヴェネチア・ビエンナーレ国際建築展1996では磯崎新がコミッショナーとなり、その前年に起きた阪神淡路大震災の瓦礫を日本館に持ち込み、宮本隆司の写真を展示したことで話題を呼んだ。これは美術・建築を通じて半世紀の歴史をもつ日本館の展示としては初の金獅子賞を受賞している。ストレートに被災地の瓦礫をオブジェとして建築展で見せるのはショッキングだろう。そして批判しづらい雰囲気をもち、ちょっとずるいかもしれないが、震災の風景は磯崎が一九六〇年代から唱えていた「建築の解体」のベタなバージョンといえるだろう。廃墟のモチーフにこだわり、敗戦による焼け野原を重要なイメージ源として出発した建築家にとっては、震災の風景はその反復かもしれない。ところで、チリ地震の後もビエンナーレではチリが関連の展示を行っていた。つまり、東芋の場合は波が登場、部分的に水没した古い街のアニメーションを日本館で展示した以上、本人の意思とは関係なく、そうした前提で見られてしまう。各国のパヴィリオンが並ぶ万博をモデルにした国際展という場である以上、彼女が「日本人」の作家という属性を背負ってしまうように。

原発事故による文化被災

四月に台湾入りした初日の夜、四月七日の巨大な余震が発生した。twitterを見ていたら、突如日本の各地から地震に関するtweetがあふれだす。さすがに台湾は揺れなかったから身体的には体験を共有していないが、仙台から東京、関西まであちこちの知人が同時に語りはじめるのを眺めながら、本州が陸でつながっていることを直観として理解できた。同時に台湾のテレビでも日本の地震情報が流れだし、ずっと画面の下のテロップで各地の状況を伝えていた。台湾も地震に襲われているし、原子力発電所があることも一因だろうが、日本への関心の高さがうかがえる。台南でレクチャーを行う前に訪れた建築事務所では、スタッフに名刺を渡し、東北大学が仙台にあることに気づくと、かなり驚いていた。それだけ地震を通じて仙台の名前が有名になったことを理解した瞬間である。少なくとも建築の関係者にとっては、伊東豊雄が設計したせんだいメディアテークの登場がこの都市の知名度を上げていたのだが、東日本大震災はそれに上書きしたのだ。

じつは筆者が被災国から来たことを思い知らされたのは空港に到着した直後である。パスポート・コントロールにたどりつく手前、航空機を降りてすぐに日本からの乗客全員が放射線の検知器をくぐらされたのだ。正直いって、その機械が本当にこうした機能をもっているかは疑わしかったが、少なくとも国内向けのパフォーマンスとして必要だったのだろう。日本国内では福島周辺やホットスポットは危ないが、西日本はほぼ関係ないと思われているように被災の温度差があるのだが、こうした日本からの便に対して放射線の検知器を設置することから、海外において日本全体が被曝しているというイメージが流布していることがうかがえる。実際、留学生の場合、東北や東京だけではなく関西や九州の大学からも帰国していた。

壊れた建物はまたつくることができる。失われた街は過去の痕跡を手がかりにしながら復興できるだろう。だが、イメージの被災は簡単に回復できない。さまざまな数値と解釈が飛び交い、日本政府の信用性も傷ついている。将来におよぶ実際の被害を見積もることはむずかしいと思われるが、少なくともイメージが失墜したといえるだろう。原子力発電所の事故は、じわじわと真綿で首を締めつけるように日本の価値を貶めていく。たとえば、これまでは中国食品への安全性を疑問視する報道が流れていたが、日本は逆の立場になるだろう。筆者はこれも「文化被災」のひとつと考えている。阪神淡路大震災に比べて、東日本大震災はメディアが集中している東京に影響をおよぼしたことで比べものにならないほどの大きなインパクトを与えた。物理的な規模の広さだけではない。地震も津波も届かない海外のエリアにまで文化被災の射程は到達する。

東浩紀は、筆者のインタビューに答えて、震災直後の日本において浄水場で放射性ヨウ素が出ても大丈夫と言いはり、今度はプルトニウムが出ても問題ないという報道が繰り返されたことで「外国から見るとすごい滑稽に見える状況になって」おり、ブランド・イメージのコントロールに失敗しているという(「S-meme」二号、二〇一一年十月)。その結果、海外からクールジャパンへの関心もなくなり、原発と震災のイメージに書き換えられたのではないかと指摘する。彼によれば、もともと作品の強度が落ちていたオタク系の文化バブルも、これを契機にはじけるだろうと述べていた。おそらく、こうした位置づけは日本の状況ともパラレルだろう。すでにかなりやばくなっていた日本が、3・11によってついに粉飾できなくなる限界に達し、厳しい現実を露呈するのだ。

津波と文化のサイクル

七月、建築史の大会でキーノート・レクチャーを行うためにオーストラリアのブリスベンを訪れた。それで知ったのだが、今年の頭、三十年ぶりの洪水にみまわれ、クイーンズランド州立美術館が一時閉鎖になるなど都心の川辺が被害に遭っていたのである。にもかかわらず、そうした痕跡がほとんどなかったことに驚かされた。川辺のレストランは繁盛し、人工ビーチは砂を入れ替え、何事もなかったかのようににぎわっている。船でクイーンズランド大学へ移動する途中、壊れた水上の施設を見かけたくらいだ。家を流すような激しい増水ではなかったにせよ、わずか半年も経たない災害の記憶が、ツーリストの視点からは読みとることがもはや困難なのである。

なお、ここでもヴェネチアと同様の経験をした。ゴールドコーストの超高層ビル、スカイポイントの展望台からまわりを眺めたときである。ビルの影が水面に落ちる雰囲気はシカゴとよく似ているのだが、どこまでも続く青い海がそのままビーチ、コンドミニアム、高層ビルの街につながっている風景はあまりにも無防備に感じられてしまうのだ。むろん、これだけ堤防もなにもないのは過去に反復性のある津波がなかったからなのだろう。平和な風景のなかで、こうした状況が気になってしまうことで、いかに自分のなかに津波の被災地が忘れがたい記憶として残っているのかを思い知らされる。直接的な被害を受けたわけではないのだが、水に対する感覚が3・11以前に戻っていないのだ。

九月にタイのワークショップに参加した。会場に設定されたのは、バンコクからクルマで二時間ほどのサムチュックにある川沿いの百年市場。よく知られているようにタイには乾期と雨期があり、定期的に水位が変化する。それゆえ、九月は雨期だったために、百年市場の川に面したプロムナードや階段を含む一部の施設は完全に水没していた。別のシーズンに訪れると、百年市場は異なる印象を与えるだろう。もっとも、今年はいつもより水嵩が増え、ほかの市場へのアクセスができなくなるなどワークショップのスケジュール変更が余儀なくされた(その後さらに状況はひどくなり、十月以降は過去五十年で最悪とされる大洪水がタイの各地で起きている)。ともあれサムチュックの百年市場で興味深いのは、季節がめぐるごとに川辺のデッキが水没したり使えるようになったりする状態が繰り返されること。水を防ぐのではなく、その侵入を当たり前のこととして受け入れ、風景の変化にリズムを与えている。タイでは線路の両側ぎりぎりに展開する市場も見学したが、危険だから禁止、ではなかった。一日に数回電車がやってくるときだけ隣接する店舗をたためば問題なく機能する。なるほど一年のあいだに水面が激しく上下すれば、生活のサイクルにとりいれられるだろう。だが、正確に何年後ではなく三十年から五十年に一度忘れたころに襲う津波の場合、人間がもつリズムとあわせづらい。みずからも被災し家を失ったリアス・アーク美術館の山内宏泰は、津波も文化として考えるべきだと指摘している。一度限りではなく確実にまたやってきて、われわれの生活に影響を与えるからだ。ゆえに津波の被害を風化させることなく、いつかまた受け入れざるをえない文化として語り継がねばならない。以前、筆者は山内氏と話しながら、こんなアイデアを述べたことがある。たとえばクライマックスを迎えたら、参加者がばらばらに高台に向かって走りだす新しい祭りを創設したらどうだろう。いつもはなぜ走るのかを深く考える必要はない。その瞬間、いっせいに山へ走るという経験を身体化すればよいのだ。つまり避難訓練としての祝祭。建築と土木ですべてを防御できない。地震は逃げ場がないが、津波の場合、逃げるのがもっとも安全だ。

八月四日、愛知芸術文化センターにて、あいちトリエンナーレ２０１３の芸術監督就任の記者会見に出席した。筆者が、三年に一度開催される国際的な展覧会を企画する役割を担うことになったからである。通常はアートの関係者がつとめる大仕事だ。それなのに、なぜ筆者が芸術監督に選ばれたのか。以前、名古屋で教鞭をとっていたことも追い風になったが、やはり東日本大震災が影響している。今年の夏に始まった横浜トリエンナーレ２０１１はその対応に間に合わなかったが、二〇一三年のあいちトリエンナーレは3・11以降の日本で開催される、美術館を巻き込む最初の本格的な都市型の国際展になる。その前に越後妻有トリエンナーレも行われるが、里山の自然に囲まれた屋外や空き家での展示が多く、そうしたテーマ設定をしづらいタイプのイベントだ。したがって勤務先の東北大学が被災した筆者が、あいちトリエンナーレにおいて文化レベルにおける日本の取り組みを世界に発信していく役割を負うことになった。記者会見では超前衛と大衆性、空間と場所の力を引きだす街なか展開の拡充のほか、東日本大震災を意識したトピック「日常／希望／記憶」などいくつかの抱負を語った。それゆえ、今後は二年後にむけて、展覧会というフレームから3・11の問題系を考えていくことになる。

十月、あいちトリエンナーレのコンセプトは「揺れる大地――われわれはどこに立っているのか：場所、記憶、そして復活」とすることに決定した。その英訳は「Awakening-where we are standing?: earth, memory and resurrection」である。いうまでもなく、こうしたコンセプトは震災後、筆者が被災地を歩きながら考えたことを反映したものだ。ロゴマークもAとTを組み合わせた「」のかたちは継承しつつ、海や空の青をイメージし、色をマゼンタからシアン・ブルーに変えている。以下にコンセプトの内容を説明する文章を掲載しておく。

「あいちトリエンナーレ2013は、多くの来場者が訪れ、成功をおさめた二〇一〇年の第一回に続くものであり、期待を受けながら二度目の開催に向かって船出しました。しかし、現在は荒波の時代です。大地が激しく揺れた東日本大震災が引き金となって、自然の恵みをもたらしてきた海が沿岸の街を襲い、原発の事故も発生しました。日本が大きな試練を迎え、転換を迫られるなかで、このトリエンナーレは世界に文化を発信する国際展となります。したがって、先端的な芸術の動向を紹介する第一回の長所を継承しつつも、荒波を越えていくための新機軸や時代性を織り込んでいきます。

十九世紀末にゴーギャンは「われわれはどこから来たのか、われわれは何者か、われわれはどこへ行くのか」という題名の絵を描きました。これに対して、今度のトリエンナーレは「われわれはどこに立っているのか」を考えたいと思います。当たり前だと思っていた根拠を失い、既成の枠組みが変動するとき、みずからが踏みしめる大地＝アイデンティティがどうなっているかを確認する必要があります。この問いは、場所の固有性を具体的に考えることにもつながると考えます。美術館の箱の中とは違う、街に染みだしていく祝祭的な風景はあいちトリエンナーレの特徴ですが、新しく芸術が介入することで都市の可能性を開くだけではなく、作品を通じてすでにわれわれが立っている日常的な場を再発見すること。場所の力を引きだし、空間の意味を変えるのは、美術や建築だけではありません。このトリエンナーレでは、パフォーミング・アーツの分野においても、視覚芸術との実験的な統合を試みながら、いま、ここでしか体験できない空間を生みだします。

多くの犠牲者を出した3・11のカタストロフに遭遇した後、アートに何ができるか、という議論がおきました。これは日本だけの問題ではありません。さまざまな意見があるでしょうが、芸術がなすべき役割のひとつは、人類が生みだした最強の文化的な記憶装置として過去を忘れないようにすることでしょう。そして記憶を呼び戻し、希望を復活させること。われわれがふたたび歩きだし、青い空を見上げることができるように。このトリエンナーレは、固有の場所に結びつく記憶と復活を通じて、アートの力を社会に問いかけ、われわれが生きる街の輝きを増していくことをめざします」

二〇一二年のヴェネチアへ

二〇〇六年から、ヴェネチア・ビエンナーレの日本館のコミッショナーを決めるのに国際交流基金の主宰により指名コンペが行われている。筆者はこれに勝利し、二〇〇八年に石上純也の温室を設置する企画を実現した後、国際展事業委員会のメンバーとなり、審査員側に入ることになった。今年開催されたヴェネチア・ビエンナーレ国際建築展2012のための日本館コミッショナーのコンペでは、すべての候補者、すなわち建築家の阿部仁史、伊東豊雄、内藤廣、藤村龍至、学芸員の保坂健二朗（一名の辞退者があった）の五名が東日本大震災に関する企画を提出している。ひとつくらいはあえて別の案を出すかもしれないと思っていたが、日本の建築を世界に向けて問うとすれば、妥当の選択だろう。しかし、いうまでもなく阪神淡路大震災の瓦礫をそのまま持ち込むようなやり方はもうできない。もっとも建築家が入り、具体的な復興計画が固まるには早すぎる時期だろう。展示を行うにはなかなかむずかしいタイミングである。とはいえ、世界の建築界が震災と津波以降の日本の動きに注視しているのは間違いない。簡単ではない展示だが、大きな期待が寄せられるはずだ。

審査は書類選考を経て候補者のインタビューが行われ、二案の一騎打ちとなった。阿部仁史によるアーキエイドの展示と、伊東豊雄による「みんなの家」である。前者は、平田晃久が外部と内部の空間を巻き込みつつリアス式海岸の形態を想起させる会場をデザインし、そこにインタラクティブな映像と情報のシステムが導入され、牡鹿半島のワークショップなどアーキエイドとその関連プロジェクトを紹介するというものだ。もっとも特徴的なのは、阿部のもつ国際的なネットワークを生かしながら、いわゆる展示というよりも議論を行うためのプラットフォームと日本館を位置づけ、トークセッションなどを連続的に開催し、海外と日本の建築関係者が情報と意見を交換しあう場をめざしたことだろう。また阿部はいまでこそアメリカのUCLAのチェアマンだが、もともと仙台に拠点を置く建築家であり、展示をまわしていくのも同地のメンバーだ。いわば被災者の立場に近い側からの企画といえるだろう。

一方、伊東は自身の代表作であるせんだいメディアテークが被災したことから、早くから同地に入り、帰心の会を結成し、「みんなの家」のプロジェクトを立ちあげた。ビエンナーレの企画案では「ここに、建築は、可能か」というタイトルを掲げ、以下のように述べている。「我々の建築がいかに建築世界の内部のみで充足してきたことを深く反省し、「つくること」と「住むこと」の間に存在する大きなギャップをいかに埋めることが可能かを問う」。復興支援が重要であることはいうまでもない。が、もっと重要なのは「建築とは何か」をゼロの地点から世界に問うこと。そこで展示は写真家の畠山直哉による故郷の陸前高田の風景から始まり、子供たちによる「みんなの家」

のスケッチ、被災者がふたたび活動の場を築こうとする復興のドキュメントが続く。メインは伊東、藤本壮介、乾久美子の共同設計により実際に「みんなの家」を日本館の外に建設し、会期後、被災地に移設するという（後に平田晃久もこのメンバーに加わることになった）。

いずれも被災地への深い思考にもとづき、提案の内容は甲乙つけがたい。が、展示という形式で表現されるなら、伊東案のほうがストレートに伝わる。実際、討議の結果、二〇一二年のヴェネチア・ビエンナーレの日本館のコミッショナーには伊東が選ばれた。審査の後、ちょうど東京都写真美術館において始まった畠山直哉の「ナチュラル・ストーリーズ」展を訪れた。自然への人工的な介入による崇高な風景（鉱山をダイナマイトで爆発させる「ブラスト」や「テリル」のシリーズなど）がメインだが、今回注目された彼の故郷である陸前高田は、逆に自然が人工的な環境に暴力的に介入した場所になる。これまでの破壊的な場面を撮影した作品が、被災地の風景と重なって見えてしまう。会場では、3・11以前と以後の陸前高田の写真が対峙する。前者は一枚分のフレームのなかで数秒で消えていく連なる記憶の画像として、後者は六十枚の写真として。いずれも大きなサイズにしなかったのはスペクタクルを避けるためだろう。亡きものたちへの追悼が感じられるアーティストの感性が伊東の展示案に組み込まれていたことは大きな意味をもつ。実際、十月に開催された記者会見で畠山は、まだ新しい建築への始まりの気分ではなく、失われた街への喪の感情が続いていると述べ、この展示プロジェクトにおいて自分は棘のような存在として関わるだろうとその抱負を語っていた。

もうひとつ、伊東案が興味深かったのは原始の小屋への回帰である。十八世紀のフランスにおいてロージエが建築の起源を論じたことが、概念のレベルにおいて近代の始まりだったことが想起されるだろう。おそらく、海外の建築家も伊東の展示にこうしたイメージを透かし見るはずだ。伊東が仙台宮城野区の仮設住宅地のために設計した集会所と縁側で連結するアネックスも、なんの変哲もないプリミティブな切妻屋根をもつ木造の小屋である。とても世界的に活躍する前衛的な建築家のデザインとは思えないようなものだ。しかし、被災者の声に寄り添い、ここからふたたび建築を組み立てるという意志が込められている。ビエンナーレの企画案において「みんなの家」の展示から建築家の案を外したのもうなずけよう。原始の小屋に戻ることはただの退行ではない。建築の更新をうながすことでもある。被災したのは、物理的な建築だけではない。建築のコンセプトそのものが傷ついた。だからこそ、いったん建築家の近代的なエゴを捨て、いまここから建築は可能か、があらためて問いなおされるのである。

被災地に芽生えた新しい緑

五ヵ月後の被災地

八月十五日から十七日にかけて、建築系ラジオのメンバーを含む十数名で被災地をめぐる旅を行った。福島の南相馬市において壁画が完成した仮設住宅地の集会所プロジェクトから岩手の大船渡まで、宮城県を中心に三日間で十ヵ所以上を訪れる弾丸ツアーである。まだ十分な宿泊場所がないために、女川町でテントをはってキャンプを行う。筆者にとっては雄勝や牡鹿半島ははじめてだったが、3・11以降、平均して三回目、石巻になると五回目ぐらいになる。

太平洋に突きだした牡鹿半島をクルマで走ると、小さな浜ごとに漁業を営む集落が点在し、それらが津波の被害を受けていた。このエリアでは3・11を契機に立ち上がった国際的な建築支援組織、アーキエイドが日本各地の大学の研究室に呼びかけ、七月に牡鹿半島の各地で住民とワークショップを行い、それぞれの場所にあった復興の計画を提案している。名古屋工業大学の北川啓介研究室が入った福貴浦に立ち寄ったが、地盤が落ちて使えなくなった漁港、基礎とトイレだけを残して家屋が流出した跡が痛ましい。傾斜の強い階段を登る高台の神社は、過去にここを襲った津波の後に設置されたものらしい。たしかに、小さな集落において急いで高台にアクセスする避難場所として機能している。

石巻市雄勝では、公民館の屋上に大型観光バスが乗り上げている。その一部は宙に浮き、やや危うげなバランスだ。こうした信じられない風景は、言葉の説明がいっさいなくとも、どれだけの高さにまで津波が到達したかを直観的に理解させるだろう。宮城大の研究者がこの保存を提案していたが、被災者の感情にも配慮し、行政側からはどうするかを決めていないという。ただ、大槌町のビルに乗り上げた観光船はいちはやく五月に撤去されていたのに対し、八月に訪れた段階で雄勝のバスはまだ残っていた。この周辺は小学校、中学校、雄勝硯伝統産業会館などの公共施設が集中していたが、ことごとく被災していた。

気仙沼は数回訪れている。しかし、八月中旬になってもまだほとんど片付いていないエリアが残っていた。鹿折地区は、地震、津波、火災という三つの被害を受けている。そして大きな漁船が何艘も打ち上げられた。すでに海に戻されたものもあるが、もっとも印象的なのは、その姿からヤトと呼ばれる第十八共徳丸だろう。漁港から五〇〇メートルも内陸に運ばれ、JR唐桑駅前にたどりついたものだ。横に倒れないように船の側面に鉄のつっかえ棒をあてている。仙台在住の美術家、村上タカシは、これを震災の記憶を伝えるべく残そうというメモリアル・プロジェクトを提唱しているが、気仙沼市も検討しているという。

左ページ上・建築系ラジオ「宮城・福島ツアー」にて
牡鹿半島の福貴浦（石巻市）へ。高台から漁港を望む
下・石巻市雄勝公民館。屋上（左手）に南三陸観光のバス

記憶の風化と新しい風景

ほとんどの参加者は初の被災地入りだったために、筆者はどうしてもガイド的な立場にならざるをえなかった。自分の歩いてきたところから印象的だった場所を選び、効率的にまわっていく。最初に女川町に入ったときは無茶苦茶の風景に呆然とし、二時間近く歩き、少しずつ何が起きているかを把握したが、研究室でフィールドワークもやった後だと頭のなかで被災地図が整理されている。時間が経過し、状態が安定化すると、被災地の訪問がツアー的になることに違和感を覚えるかもしれない。実際、四川大地震で破壊された街はいまや観光地になった。東北地方でも、ボランティアが目的ではなくクルマで被災地をまわり、テレビや雑誌で見た有名な廃墟の風景を訪れ、記念撮影をしていく人たちがふえている。なるほど火山灰に埋もれた街ポンペイ、戦争によって破壊されたアユタヤ、広島や沖縄の戦争に関する場所など、ときとして悲惨な記憶はツーリズムと結びつく。むろん、建築系ラジオのツアーはただの物見遊山ではない。われわれが建築の立場から専門的に被災地の状況を見ていくことは将来的に社会に還元されるはずだ。また東北地方を訪れることで、いろいろなかたちで現地にお金を落としていく。いずれツーリズムも被災地の復興支援になっていくだろう。

ともあれ、同じ場所を数回に渡って訪れていると、前の状態と比較できる。八月には急速に瓦礫の撤去作業が進んでおり、いやがおうでも風景の変化が印象に残る。もはや街が破壊されたことを想像しにくいくらい片付いた場所が生まれていることに驚かされた。たとえば南相馬市の原町区では大量に打ち上げられた消波ブロックが点在する風景が消え、瓦礫や残された基礎が撤去され、かつて住宅が並んでいた跡地もほとんどわかりにくくなっている。六月初旬には以前の街の姿を思い描くことが可能だったが、八月にはじめて訪れた参加者にとってはむずかしいだろう。もちろん、気仙沼の鹿折地区のようにほとんど手つかずの場所も残っていた。しかし女川町などは、保存が決定された倒壊ビルをのぞくと多くの障害物が取り除かれ、明らかに見通しがすっきりとしている。

はじめての参加者はそれでも十分に衝撃を受け、被災地らしさを感じていたが、何度か訪れたものからすると、3・11以降にもう一度大きな風景の変化が起きているように思われた。いったん街が破壊され、今度は壊れたという事実の記憶が薄れていくこと。なるほど、これが復興というのだろう。実際、3・11以前に筆者が石巻市、気仙沼、大船渡市をまわったとき、都市の風景から明治や昭和の津波が起きたことをいっさい感じることができなかった。もう半年や一年もすれば3・11で壊された街も同じような道程をたどるのだろう。

建築系ラジオの被災地めぐりのときに、もうひとつ大きな風景の変化として感じられたのは、瓦礫の山による新しい地形の出現である。たしかに五月に訪れた女川町では住宅地、松島は運動場、宮古では港の埠頭、田老町ではスタジアムが瓦礫の集積場になっていたし、六月の時点でも石巻の海辺に瓦礫の丘が生まれていたが、今回は各地でいくつも規模が大きいものを目撃した。破壊された街が片付き、被災の記憶が風化していくとともに、種別に分類された瓦礫は新しい地形に変換される。たとえば爆心地のような風景だった陸前高田では、ぽこぽこと大きな人工的な山があちこちに現れていた。雄勝の運動場もゴミ集積場になっている。折れた電柱、タイヤ、クルマなど同種のモノが反復された風景は強烈なアートのインスタレーションのようだ。しかし、いずれこうした瓦礫の山も再度別の場所に運ばれ、消えていくのだろう。もっとも釜石などでは、こうした瓦礫の山を津波に対する多重防御のひとつとして使う提案が建築家から出されている。

そして第三に再訪した被災地で驚かされたのは、すでに廃墟に草が生い茂っていることだった。仙台の平野部では海水に浸され、塩分の濃度が上昇した土壌ゆえに、しばらく農業ができないことが報道されている。だが、強い生命力をもつ名もなき雑草は勝手に育ち、瓦礫の街を緑に覆っていた。癒しの花を植えたわけではない。津波が街を破壊したように、これも自然の現象として起きている。かつて瓦礫が散乱し、混濁した茶色だった風景が片付くことで色を失うのではなく、新しい色に彩られている。いまも街の営みが続いていれば雑草は刈りとられていただろう。南三陸町の壊れた駅のプラットフォームに立ってまわりを見渡すと、平地にはまともに残った建物はなく、もはや誰も住んでいない。だが、あちこちで雑草が繁殖している。人がいなくなった代わりに、植物が街の新しい住人になっているのだ。

南三陸町で見たのはいわゆる美しい花ではないが、被災地に花を咲かせることや積極的な植樹を提案するアーティストや建築家がいる。たとえば阪神淡路大震災の後にグリーンネットワークの運動を起こした安藤忠雄は東北に鎮魂の森をつくるべきだという。また村上タカシ率いるMMIX labは、後世に語り継ぐために桜プロジェクトを提唱している。これは津波が到達したラインに沿って桜を

左ページ上・陸前高田市（岩手県）内、積み上げられた瓦礫の山。下・南三陸町（宮城県本吉郡）、JR気仙沼線志津川駅プラットフォーム跡からの眺望

50
m先

植樹し、視覚的にその被害を忘れないようにすることをめざしたものだ。

阪神淡路大震災で実家が全壊した宮本佳明は、津波で家は流されてもコンクリートの基礎が残ることに注目し、それを花壇にするプロジェクトを発表している。彼は高台に移転した住宅地と海辺の仕事場のあいだに広がる基礎だけが残った街に対し、その高さや形状が似ていることから、失われた家の基礎を花壇に見立て、植物の種を蒔き、憩いの場をつくろうと考える。すなわち津波によって基礎という機能を失ったモノの意味を読みかえ、新しく花壇という潜在的な可能性を発見したのだ。そこで岩手県の田老町をモデルに、住宅や建物の跡地に花壇が並ぶドローイングを描く。また宮本の教え子、垣内光司は、釜石市でつくられた基礎花壇のまわりに、屋根をかけて地元住民の居場所をつくる計画を進めている。これらはただの癒しではない。廃墟を片付け、過去の痕跡を完全に抹消するのではなく、たとえ基礎でも再利用することによって、生活の記憶を残す試みである。

気仙沼における藤村和成の個人活動

被災地をめぐるツアーの最終日、気仙沼に寄り、東北大学の大学院生、藤村和成の3・11以降の取り組みを案内してもらった。建築家やさまざまな組織によるプロジェクトはふえたが、まったくの個人活動である。彼は建築史の研究室に在籍し、休学して中国で学んだ後、実家の気仙沼に戻り、今度はイスラエルへの渡航手続きを仙台で進めていた矢先に東日本大震災に遭遇した。その結果、海外行きを断念し、建築学生として何ができるかをしばらく考えていた。転機は、四月二日に彼が

藤村和成「house publishing」作業所に並ぶダンボール家具

子供のときにダンボールハウスをつくって泊まるというワークショップを指導してもらったリアス・アーク美術館の学芸員、山内宏泰に会いにいくことで訪れる。藤村にとって、山内はダンボールの師匠とあおぐ人物だ。

すぐに藤村は、誰かの紹介でもなく、個人で飛び込みで気仙沼市内の避難所をまわり、御用聞きを始める。一方で彼のブログ「house publishing」を通じて石巻の今野梱包株式会社や大阪の杏林社とつながり、ダンボールシートが寄付されることになった。そして四月十七日、鹿折の浄念寺にダンボール製の更衣室を設置する。続いて彼の出身校である気仙沼高校避難所から全員分の間仕切り設置が依頼され、五月初旬までに二百五十個の間仕切りを制作した。さらに教育委員会から、松岩小学校における教室から体育館への避難所の移動に伴う間仕切りの設置が打診される。ここでは六月初頭に、家族用の十二畳×五セットと個人用の六畳×八セットの空間を制作することになった。ほかにも彼は、学校、託児所、幼稚園、公民館などにおいて絵本の提供のほかダンボールによる本棚のセット、あるいはベッドなども供給している。

感心させられたのは、素材こそ提供されているとはいえ、以上の活動を実質的にほとんどひとりですべて行っていることだ。NPOや学生を動員できる研究室ではない。ボランティアを抱えているわけではない。建築家や先生に指導されたわけでもない。完全に自発的な行動なのだ。実家にある空いた作業所に泊まり込みながら、ダンボールによる試作と制作を続けている。当初「house publishing」（家庭出版 http://d.hatena.ne.jp/housepublishing/）という個人出版社を意図した名称は、震災後、ダンボールの紙素材を用いた住宅を書籍のように出版する活動として再定義された。二〇一一年の秋に彼は大学院に復学し、こうした活動はいったん一段落する予定だが、学生ながら社会的な建築家の原点を見せてもらったように思う。

あとがき

阪神淡路大震災のメモリアル施設であるガラス張りの巨大建築「人と防災未来センター」を訪れた。時間がなく、駆け足でまわろうとしたら、まず四階で決まったプログラムを必ず体験しなければならない。最初に震災前日の神戸の夕暮れを紙芝居的なパネルで見せられ、続いて多面体を崩したような部屋で約七分間、いわゆる特撮の技術によってビルが壊れ、家屋がつぶれる震災の瞬間を「再現」した迫力ある音と映像に包まれる（気分が悪くなった方はすぐに退場してください、と事前に脅されているのだが）。奥のドアから先に進むと、セットのようにつくられた廃墟の街を抜けて、違う部屋でもうひとつの映像を鑑賞する。テーマパーク的なスペクタクルによって語り継がれる震災。記憶を伝えることは重要だが、直観的に東日本大震災は十数年後にこのような展示になってほしくないと思った。当時、実際に撮影された記録映像やリアルなものの陳列のパートは意味をもっていたが、フェイクの映像とセットで再現する導入は、震災の怖さをわかったような気分にさせるエンタテインメントでしかない。

一〇〇パーセントの予言が可能になった人工知能が登場するSFを本書の冒頭でとりあげたが、十月十五日、東日本大震災後にはじめて開催された日本地震学会の大会で反省の弁が語られた。会長の平原和朗は出直しを宣言し、同学会震災対応責任者の鷺谷威は「想定外の震災に負い目を感じる。地震学や学者の姿勢に問題がなかったか問い直す」という(「日本経済新聞」十月十五日)。東日本大震災は人間や建物だけではなく、地震学にも大きなダメージを与えた。予知が可能であると期待させてきたにもかかわらず、東北沖では想定外のM9だったことから、これまでの研究のあり方に厳しい目が向けられる。そして東北大の松沢暢は「海溝沿いのどこでもM9は起こりえる。M10の可能性も否定せずに検討すべきだ」と述べ、東北地方の下に潜り込む太平洋プレートは歪みをためにくいという過去の仮説に囚われていたと指摘した。一〇〇パーセントの予知ができない以上、われわれは不確定の世界を生きていくしかない。

本書は震災以降に書いた文章を中心にまとめたものである。「みすず」への連載を提案していただき、これをもとに書籍化に導いてくれた、みすず書房の遠藤敏之氏に感謝の意を表したい。本書は筆者の著作のなかで注や引用、参考文献がもっとも少ない本だろう。自由に本にアクセスできない状態が続くのもその一因だが、基本的に現場を歩きながら考えたことを記しているからだ。職場は片平キャンパスに移動したが、まだ面積が足りないために隣に仮設のプレハブ校舎を建設し、十一月に二度目の引っ越しを行う。ちなみに本書は被災者の聞き取り調査を行ったり、復興計画を提案するものではない。これは筆者の専門ではなく、むしろ建築家が各地でそうした試みを実践している。『見えない震災』（みすず書房）と同様、本書は社会との関係から考察する文化的な建築・都市論をめざした。いまこそ日本を元気に再生するといった即効薬ではない。しかし、細かい場所の差異を読まず、記憶をないがしろにして復興を急ぎすぎても、おそらく別の破壊が起きてしまう。

最後に、研究室の学生の報告をもとに南相馬市のプロジェクトの後日談を記しておく。役所が鍵を持っていたために、十月二日に住民ははじめて集会所の内部に入った。そして三十二畳の大きな集会室に集まった約二十名を相手に壁画の説明を行い、塔を建てる計画を伝えた。住民は他の仮設住宅地にはない巨大壁画に若干とまどいながらも、遠くからわざわざ集会所を見に来る人が少なくないことを喜んでおり、絵の意味を説明するパネルのようなものがほしいという。塔は和歌山から寄贈される檜を積み上げてつくり、同時に住民から和歌や俳句を集める。歌を詠むことに赤面しながらも反対意見はなかった。むしろ、塔の実現には何をしたらよいかと申し出る人や俳句の収集を買って出る人もいた。塔を建てるめどが立ちそうであり、年内にはワークショップを行う予定だ。そこで周辺の住民や研究室の学生を巻き込み、木材のユニットを積んで塔を完成させ、寄付材でベンチを制作する。プロジェクトを通じて共同でモノをつくる、祭りのような高揚感がここに生まれ、当初のコンセプトどおり記憶に残る風景ができることを期待したい。

十一月三日

五十嵐太郎

初出一覧

大きな溝　「日刊建設工業新聞」二〇〇八年七月三日
被災地を歩きながら考えたこと　「みすず」二〇一一年六月号
報道と現場の建築破壊　「広告」二〇一一年七月号／「建築ジャーナル」二〇一一年五月号
見慣れた風景が変わるとき　遠藤秀平編『水没コンペ』彰国社、二〇〇八年
災害に強い病院を考える　「毎日新聞」二〇一一年二月二十二日夕刊／「神戸新聞」二〇〇六年十二月三十一日
公共施設からの「日常」　日経アーキテクチュア編『東日本大震災の教訓　都市・建築編——覆る建築の常識』日経BP、二〇一一年六月／「日刊建設通信新聞」二〇一一年八月十一日／「新建築」二〇一一年六月臨時増刊「今、建築について思うこと」
本に学ぶ、歴史に学ぶ　「現代思想」二〇一一年七月臨時増刊号「震災以後を生きるための50冊」／「日経ビジネスアソシエ」二〇一一年五月三・十七日合併号
文化被災ということ　仙台建築都市学生会議＋せんだいメディアテーク編『せんだいデザインリーグ2011卒業設計日本一決定戦オフィシャルブック』建築資料研究社、二〇一一年八月／「アーキエイド」ホームページ、二〇一一年四月二十二日

漂流教室の実践　「日本経済新聞」二〇一一年三月二十二日／「建築ジャーナル」二〇一一年七月号

震災の記憶をいかに残すのか　「みすず」二〇一一年七月号

奇跡の一本松　「小原流 挿花」二〇一一年七月号

地元歴史家がつむぐ津波の物語　「広告」二〇一一年十月号

聖なるものとしての原子力発電所　「図書新聞」二〇一一年七月九日号

仮設住宅地に塔をたてる　「みすず」二〇一一年八月号

二地域居住と原発避難　「建築ジャーナル」二〇一一年七月号

復興を考えるために　「朝日新聞」二〇一一年七月二十四日

模索する建築家と美術家　「みすず」二〇一一年九月号

建築系メディアはどう伝えたか　「建築ジャーナル」二〇一一年十月号

3・11以降の建築展　「建築ジャーナル」二〇一一年八月号／「毎日新聞」二〇一一年九月二十九日夕刊

海外から東日本大震災を想う　「みすず」二〇一一年十月号

被災地に芽生えた新しい緑　「小原流 挿花」二〇一一年十月号／「建築ジャーナル」二〇一一年十月号

＊　本書収録にあたり一部を改題、また大幅に加筆・再編集を施している。

著者略歴

(いがらし・たろう)

1967年パリ生まれ. 1992年, 東京大学工学系大学院建築学専攻修士課程修了. 博士 (工学). 東北大学教授. せんだいスクール・オブ・デザイン教員, 慶応大学非常勤講師. 建築史・建築批評. 第11回ヴェネチア・ビエンナーレ国際建築展 (2008年) 日本館展示コミッショナー, あいちトリエンナーレ2013芸術監督. 著書『新宗教と巨大建築』(講談社2001/ちくま学芸文庫2007)『戦争と建築』(晶文社2003)『過防備都市』(中公新書ラクレ2004)『現代建築のパースペクティブ』(光文社新書2004)『美しい都市・醜い都市』(中公新書ラクレ2006)『現代建築に関する16章』(講談社現代新書2006)『「結婚式教会」の誕生』(春秋社2007)『映画的建築/建築的映画』(春秋社2009)『建築はいかに社会と回路をつなぐのか』(彩流社2010)『現代日本建築家列伝』(河出ブックス2011), 共著『ビルディングタイプの解剖学』(王国社2002)『建築と音楽』(NTT出版2008)『ぼくらが夢見た未来都市』(PHP新書2010), 編著『卒業設計で考えたこと. そしていま』(彰国社2005)『見えない震災』(みすず書房2006)『建築と植物』(INAX出版2008)『ヤンキー文化論序説』(河出書房新社2009)『空想 皇居美術館』(朝日新聞出版2010) ほか.

五十嵐太郎
被災地を歩きながら考えたこと

2011年11月15日　印刷
2011年11月25日　発行

発行所 株式会社 みすず書房
〒113-0033 東京都文京区本郷5丁目32-21
電話 03-3814-0131(営業) 03-3815-9181(編集)
http://www.msz.co.jp

本文組版 キャップス
本文印刷・製本所 中央精版印刷
扉・表紙・カバー印刷所 栗田印刷

Printed in Japan
ISBN 978-4-622-07652-0
[ひさいちをあるきながらかんがえたこと]